ばらの夢折り紙

川崎敏和
Toshikazu Kawasaki

はじめに

　「カワサキローズ」が誕生して30年余り、6種類のばらをまとめて1冊の本にしました。

　「折り図だけでは分かりにくい」という声に応えて、私が解説しながら実際に折っているところを撮影したＤＶＤと、ばら用の少し大きい色紙をセットにして付録につけました。ＤＶＤでは、図で説明できないコツを詳しく解説していますので、すでに折れる方もご覧ください。動画の撮影に合わせて折り図も全面的に書き換え、分かりやすくなっています。

　まず最初に、1987年ごろから海外で"Kawasaki Rose"と呼ばれるようになった「蕾(つぼみ)」と「開いたばら」の2種類を折ります。開いた方のカワサキローズは、2003年から広島県福山市の平和活動で「折りばら」や「福山ローズ」という名がつき、多くの方に折られるようになりました。

　そして今回、新作として加わったのが「1分ローズ」のつぼみ版、「3分ローズ」です。初心者も折れるように丁寧に折り方を説明していますが、「1分ローズ」を究めた方なら3分で折れるようになるはずです。「ばらの葉っぱ」の新作は、従来の3枚葉とは違い、実物のように5枚葉です。また、ばらを飾る7角形のケースの折り方も収録しました。新技法「新型つる巻き折り」を使った、魔法のような折り紙です。感動すること間違いなし！

　上手に折れるようになったら、和紙やタントなど自分が好きな紙を使って、思い思いのきれいなばらに仕上げてください。

川崎敏和

CONTENTS & カワサキローズ図鑑

★は難易度を示しています。

はじめに ……… 3
この本の使い方 ……… 6
記号と基本的な折り方 ……… 7
解説DVDについて ……… 8
DVDの使い方 ……… 9
付録の色紙について ……… 10
写真に使用した用紙一覧 ……… 78

カワサキローズ

Step 1　蕾（つぼみ）を折る ……… 13
Step 2　開いたばらを折る ……… 20

コロンとした「蕾」と「開いたばら」の2種類ある

クリスマスケーキを飾るクリームをイメージしたばら。1985年にデビュー後、海外で"Kawasaki Rose"と呼ばれるようになったものが逆輸入されて、一般に「カワサキローズ」として知られている作品。

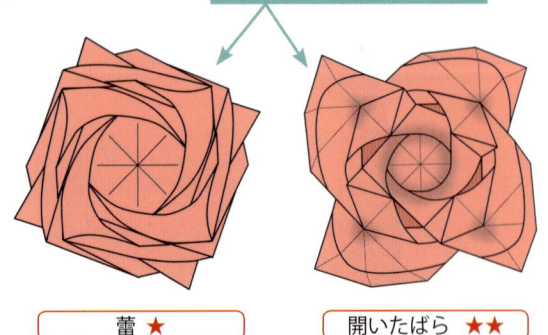

蕾 ★
開いたばら ★★

ばらの葉っぱ

Step 1　3葉の葉っぱ ……… 25
Step 2　「3葉パーツ」を作る ……… 30
Step 3　「2葉パーツ」を作る ……… 32
Step 4　5葉の葉っぱ ……… 34

葉の数が実際のばらと同じ

これまで3葉だった葉っぱが、実際のばらと同じ5葉に。折りごたえ十分の、カワサキローズにふさわしい葉っぱ。

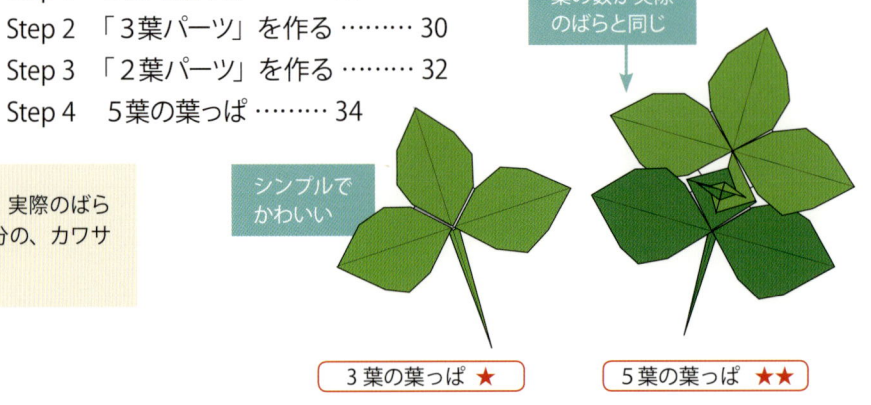

シンプルでかわいい

3葉の葉っぱ ★
5葉の葉っぱ ★★

ばらのつぼみ 3分ローズ	Step 1　ばらのつぼみを折る ……… 37 Step 2　3分ローズを折る ……… 44

慣れれば3分で折れる、可憐なつぼみ

「ばらのつぼみ」はカワサキローズの中でもっとも古く、原種に近いもの。「3分ローズ」は1分ローズのつぼみ版で最新のローズ。

ばらのつぼみ ★★

両面色紙で作るガク付きのばら

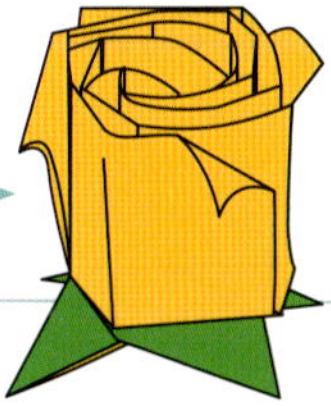

3分ローズ ★

1分ローズ

1分ローズを折る……… 51

著者が1分で折れるので、こう名づけられた。折り目が決まっていないだけに難しいが、シンプルで自由な美しさがある。

折る位置を調整できるので、好みの形に仕上げられる

1分ローズ ★★

薔薇（ばら）

薔薇を折る……… 59

実物に一番近い、美しいばら。特殊な技法を使う、チャレンジしがいのある作品。改良されて折りやすくなったので、他のローズができたら是非完成させたい。

「本当に1枚の紙?」と思ってしまうほど

薔薇 ★★★

7角ローズボックス

Step 1　7角ローズケースを作る ……… 75
Step 2　7角ローズボックスを作る ……… 77

長方形の紙1枚でそれぞれ7角形のふたと本体を作る画期的な作品。ローズを飾るにも、収納するにもぴったりな箱。

カワサキローズを入れるのにぴったり

7角ローズボックス ★

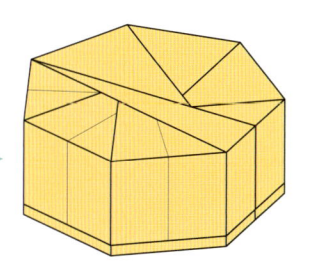

この本の使い方

難易度について

それぞれの作品を難しさに応じて、星のマークで表しています。
星の数が多いほど、レベルが高くなります。

★ …… 比較的簡単
★★ …… それほど難しくない
★★★ …… チャレンジしがいがあり

用紙の種類

それぞれの作品を折るのに適した紙の厚さを、5段階で示しています。
薄い紙は楽に折ることができ、厚い紙は力が必要です。
（一般に紙を強くプレスすると薄く硬くなりますが、色画用紙はタントより厚いが柔らかい）

薄い　　1　　　2　　　3　　　4　　　5　　　厚い

1 ハイクラスなおりがみ
2 普通の色紙
3 両面色紙　コピー用紙
4 タント
5 色画用紙

太字の用語

特殊な折り方や重要な用語などは、太い字で示しています。

上手に折るための3つのコツ

1 折り目をしっかりつける

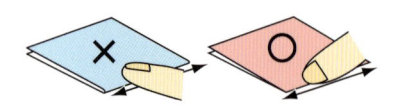

× 指の腹で押しただけではダメ！
○ 必ずツメを立てて、折り目をきちんとつぶしましょう。

2 フチをきちんと合わせる

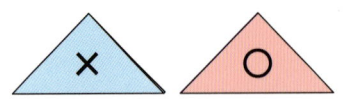

× ズレを見のがさない。
○ フチを正確にそろえましょう。

3 次の工程図も見る

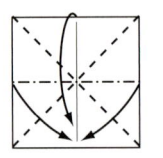

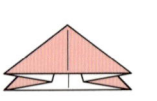

次の図を見ることで、3角形になることや、紙の重なりがわかります。

記号と基本的な折り方

折り方の記号

この本に出てくる記号です。作品を折る前におぼえておきましょう。

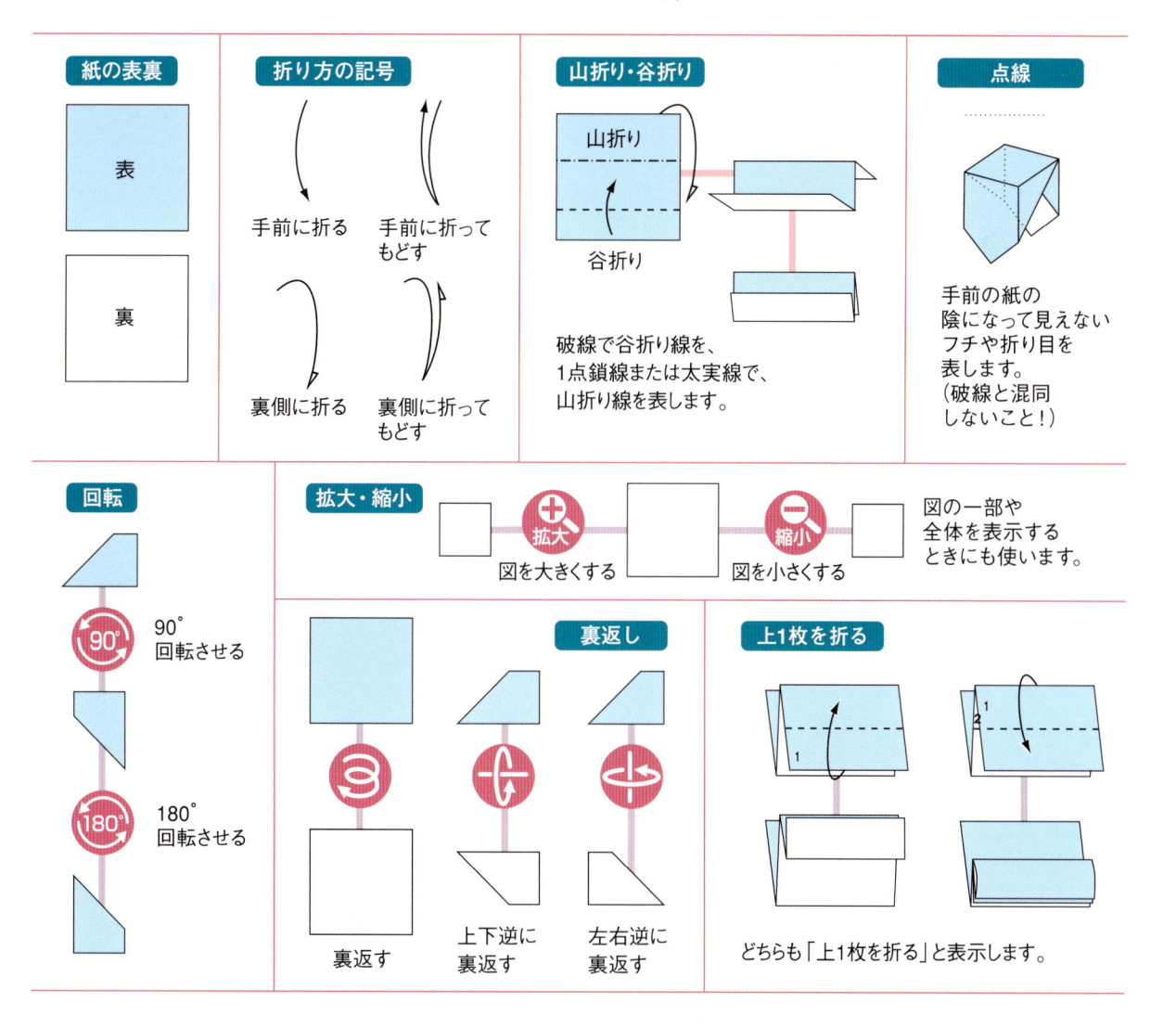

紙の表裏
表
裏

折り方の記号
手前に折る
手前に折ってもどす
裏側に折る
裏側に折ってもどす

山折り・谷折り
山折り
谷折り

破線で谷折り線を、1点鎖線または太実線で、山折り線を表します。

点線
手前の紙の陰になって見えないフチや折り目を表します。
（破線と混同しないこと！）

回転
90°回転させる
180°回転させる

拡大・縮小
拡大　図を大きくする
縮小　図を小さくする
図の一部や全体を表示するときにも使います。

裏返し
裏返す
上下逆に裏返す
左右逆に裏返す

上1枚を折る
どちらも「上1枚を折る」と表示します。

解説DVDについて

解説DVDは、著者が丁寧に解説しながら実際に折るところを撮影したものです。
図では説明し切れないコツを詳しく解説しているので、参考にしてください。

ディスク種類：DVD（片面1層）時間：140分35秒

DVDを見るまえに

- 動画では解説しやすいように、図の向きや折る順番が本とは異なる場合があります。
- 表と裏の区別がつきやすいように、普通の色紙を使用しています。
- 折り目が見やすいように、少し大きめの色紙（24cm角）を使用しています。（ばらの葉っぱ、7角ローズボックスを除く）

チャプターの内容	該当ページ	工程
イントロダクション		
カワサキローズ	p.11	
Step 1　蕾	p.13	1
	p.14	18
	p.16	33
	p.17	40
	p.18	49
Step 2　開いたばら	p.20	1
	p.20	3 ※1
	p.20	3 ※2
	p.21	6
ばらの葉っぱ	p.23	
Step 1　3葉の葉っぱ	p.25	1
	p.25	9
	p.28	24
Step 2　3葉パーツ	p.30	1
	p.31	11
	p.31	18
Step 3　2葉パーツ	p.32	1
	p.33	10
Step 4　5葉の葉っぱ	p.34	1
ばらのつぼみ・3分ローズ	p.35	
Step 1　ばらのつぼみ	p.37	1
	p.38	12
	p.39	23
	p.39	29
	p.40	31

チャプターの内容	該当ページ	工程
	p.40	36
	p.41	37
	p.42	45
Step 2　3分ローズ	p.44	1
	p.44	6
	p.45	11
	p.46	18
	p.47	26
1分ローズ	p.49	
	p.51	1
	p.52	12
	p.53	20
	p.55	35
薔薇	p.57	
	p.59	1
	p.60	15
	p.61	24
	p.62	27
	p.63	38
	p.66	47
	p.68	54
	p.70	60
7角ローズボックス	p.73	
Step 1　7角ローズケース	p.75	1
	p.75	9
	p.76	13
Step 2　7角ローズボックス	p.77	1

※1 p.17 工程40　　※2 p.18 工程49

DVDの使い方

DVDディスクをプレイヤーにセットすると、メニュー画面が表示されます。
プレイヤーのリモコンで（パソコンの場合はマウスで）項目を選び、
選択すると、目的の作品の動画を再生することができます。

メニュー画面

見たい作品を選んでクリックする

作品トップ画面

メニュー画面の **1カワサキローズ** を選択すると、作品トップ画面が表示されます。

折り方の動画

その項目の動画再生が終了すると、再びメニュー画面に戻ります。

付録の色紙について

付録の色紙は、カワサキローズをきれいに折るために、著者が選んだ特別仕様の色紙です。
それぞれの作品に適した4種類の色紙が、通常のサイズより折りやすい、
大きめのサイズ（17.5cm×17.5cm）で入っています。

1. 普通の色紙
使用作品：カワサキローズ

はりのある普通の色紙です。カワサキローズの「蕾」と「開いたばら」を折るのに向いています。

4色（しゅいろ・ひまわり・もも・ふじ）×2枚　アイアイカラー

2. 普通の色紙
使用作品：ばらの葉っぱ

はりのある普通の色紙です。「ばらの葉っぱ」を折るのに向いています。

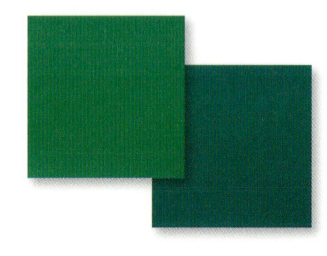

2色（みどり・ビリジャン）×3枚
アイアイカラー

折りはじめるまえに

- 本書に掲載されている作品は、市販の色紙でも折ることができます。
- うまく折れる自信のない人は、手近な紙で練習してから付録の色紙を使いましょう。

【注意】
- 「7角ローズボックス」の用紙は付録には含まれていません。
- 追加の購入について
エヒメ紙工株式会社
TEL: 0896-58-3365
http://www.ehimeshiko.com/

3. 両面色紙
使用作品：ばらのつぼみ

両面に違う色がついた色紙です。紙の裏側を見せる作品に使います。

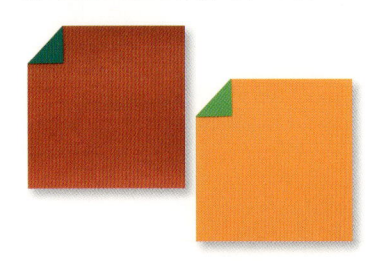

2種類（赤／緑・黄橙／若草）×2枚
両面創作おりがみ

4. 両面同色の薄い色紙
使用作品：薔薇

薄いため折るのが少し難しいですが、白が見えずきれいに仕上がります。

2色（あか・だいだい）×2枚
ハイクラスなおりがみ

5. タント
使用作品：1分ローズ、3分ローズ

とてもしっかりした紙です。最近は市販のタント色紙も増えてきました。

4色（N53・N51・N50・N57）×2枚
タントカラーペーパー

カワサキローズ

クリスマスケーキを飾るクリームのばらをイメージしたこのばらは、『トップおりがみ』（高濱利恵監修・笠原邦彦著、サンリオ刊）で1985年にデビューし、1987年の英訳本 *Origami for the Connoisseur* (Japan Pubns 刊) で、海外で "Kawasaki Rose" と呼ばれるようになりました。ここで紹介する2つがそのモデルです。逆輸入されて、国内でもカワサキローズと呼ばれるようになりましたが、今では品種改良したものすべてが同名で呼ばれています。ちなみに、学校での私のニックネームは「ローズ」です。この作品は花びらをあまりカールさせません。クリームのばらだからです。

難易度　蕾 ★
　　　　開いたばら ★★

カワサキローズ（蕾）

Step ▶ 1 蕾(つぼみ)を折る

用紙サイズ：15cm〜18cm角くらい
用紙の種類：普通の色紙

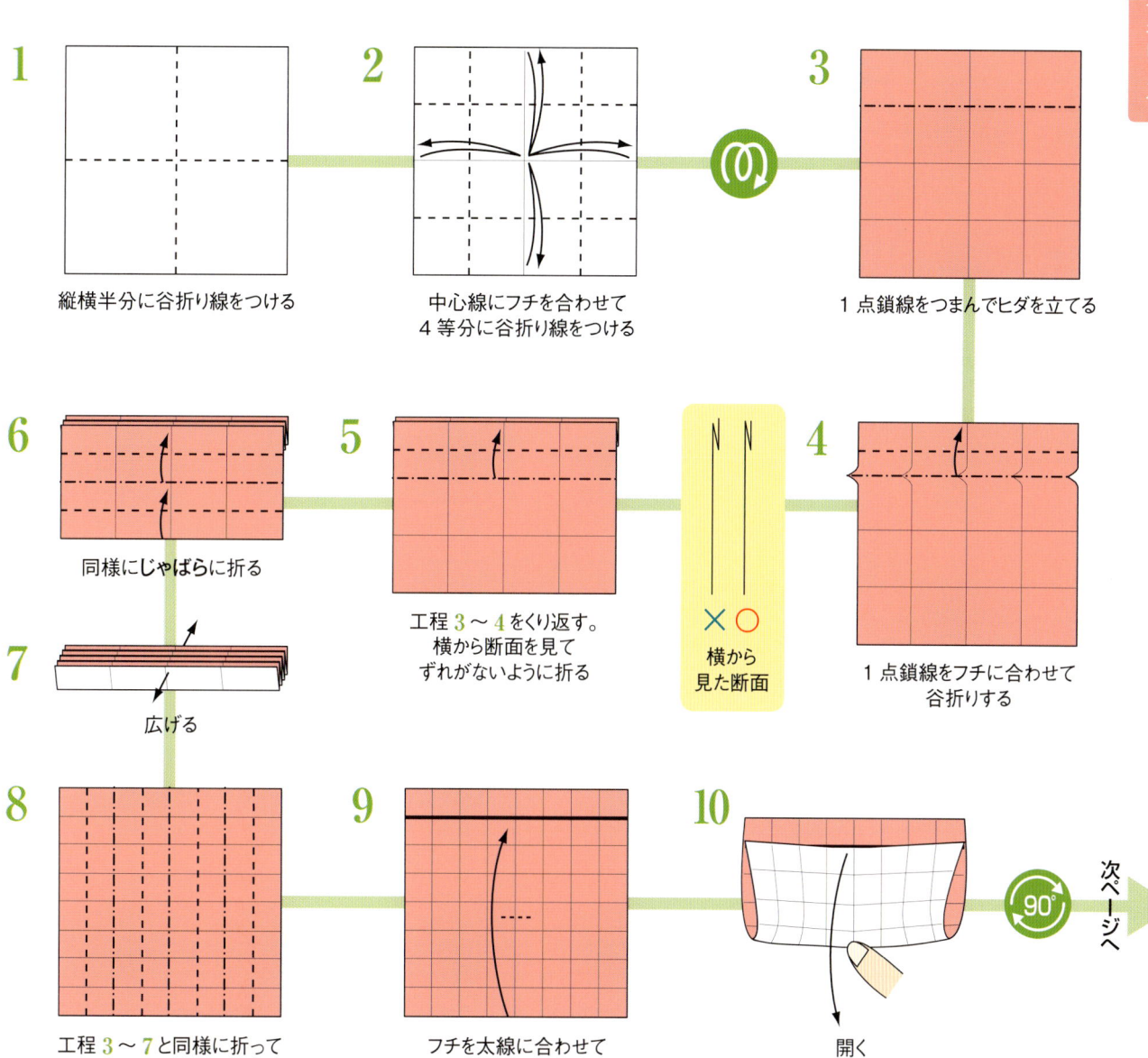

カワサキローズ

1 縦横半分に谷折り線をつける

2 中心線にフチを合わせて4等分に谷折り線をつける

3 1点鎖線をつまんでヒダを立てる

4 1点鎖線をフチに合わせて谷折りする

横から見た断面

5 工程3〜4をくり返す。横から断面を見てずれがないように折る

6 同様にじゃばらに折る

7 広げる

8 工程3〜7と同様に折って8等分の折り線をつける

9 フチを太線に合わせてツメで短い折り目をつける

10 開く

90°

次ページへ

11
フチを太線に合わせて
ツメで短い折り目をつける

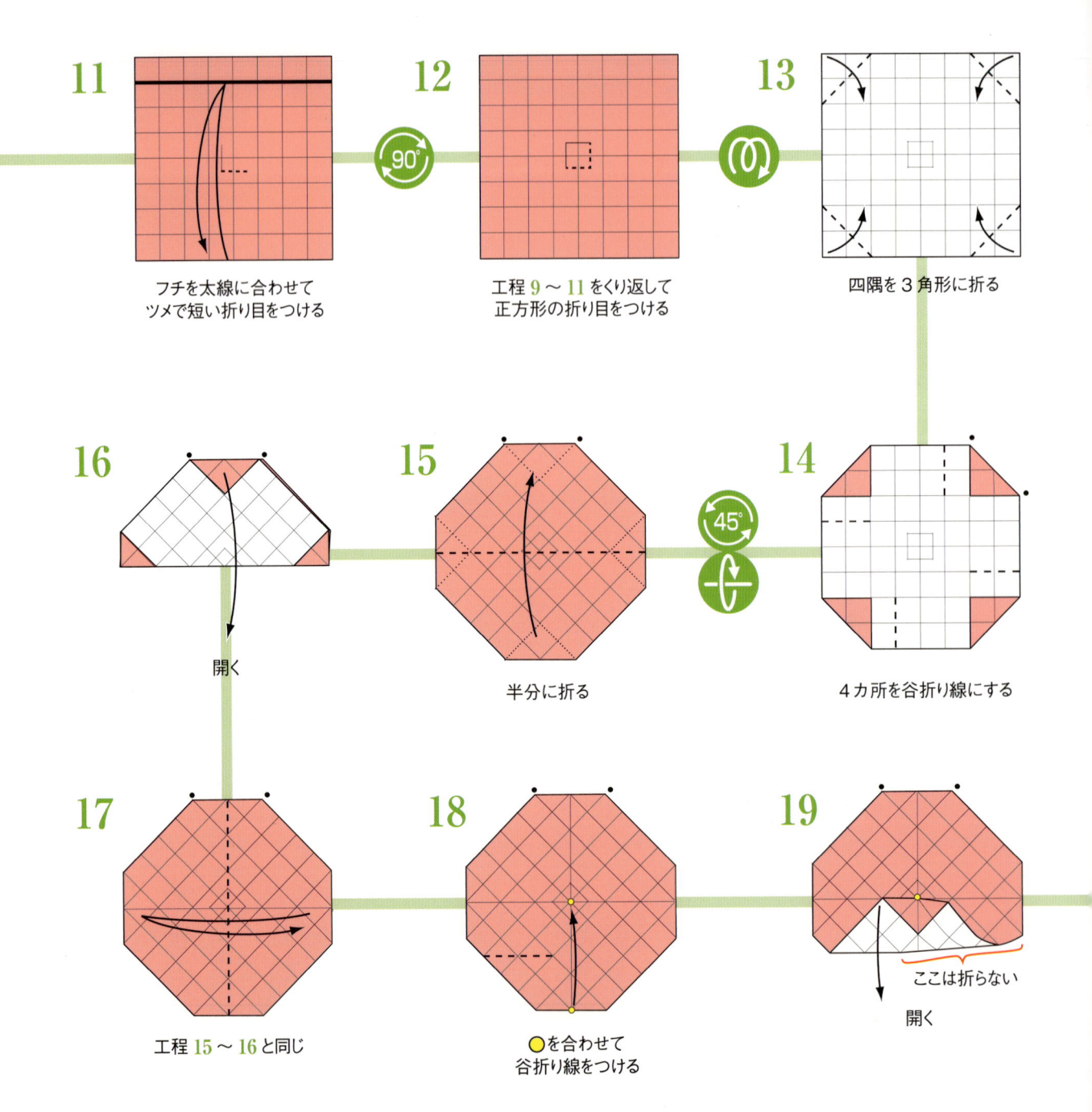

12
工程 9 〜 11 をくり返して
正方形の折り目をつける

13
四隅を3角形に折る

14
4カ所を谷折り線にする

15
半分に折る

16
開く

17
工程 15 〜 16 と同じ

18
●を合わせて
谷折り線をつける

19
ここは折らない

開く

26
3角に折る

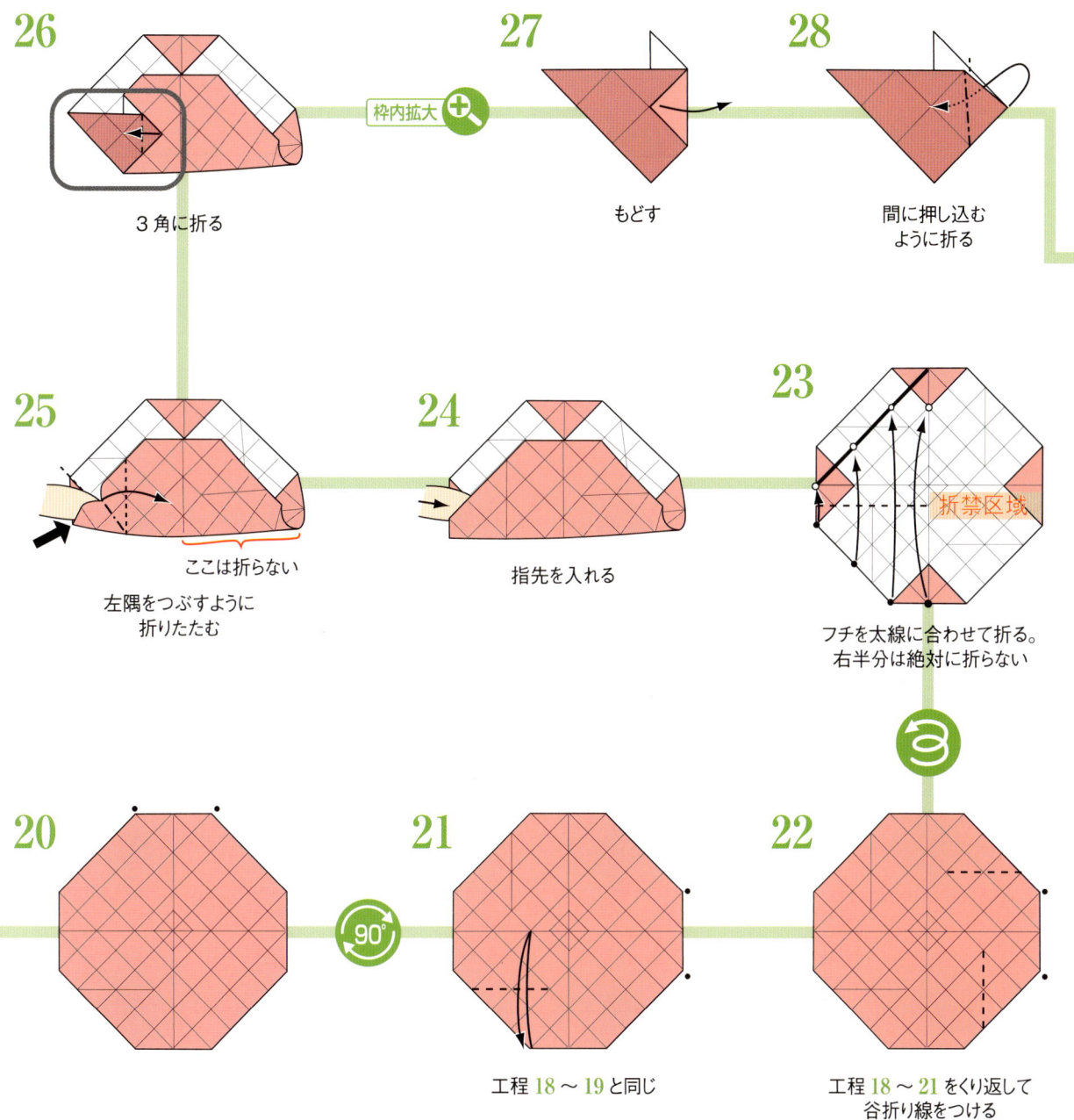

27
もどす

28
間に押し込むように折る

25
左隅をつぶすように折りたたむ

ここは折らない

24
指先を入れる

23
フチを太線に合わせて折る。右半分は絶対に折らない

折禁区域

20

21
工程 18 ～ 19 と同じ

22
工程 18 ～ 21 をくり返して谷折り線をつける

枠内拡大

カワサキローズ

次ページへ

15

29 折り返す

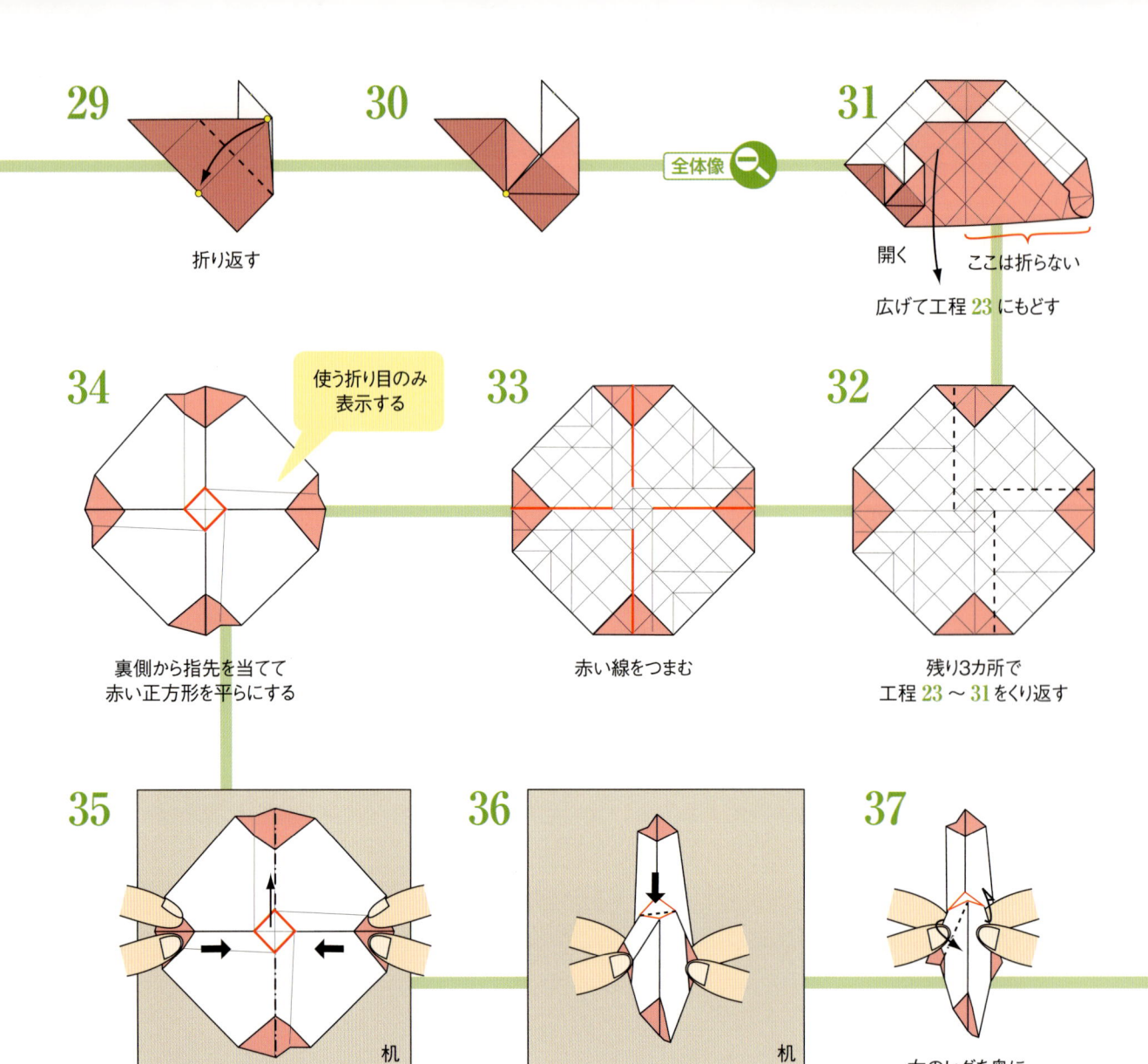

30

31 開く
広げて工程23にもどす
ここは折らない

全体像

34 使う折り目のみ表示する
裏側から指先を当てて赤い正方形を平らにする

33 赤い線をつまむ

32 残り3カ所で工程23〜31をくり返す

35 机の上に置いてヒダをつまむ。指が浮かないように注意しながら矢印方向にスライドさせると、赤い正方形が浮き上がる
机

36 赤い正方形の対角線をへこませる
机

37 右のヒダを奥に、左のヒダを手前に倒して机に置く

16

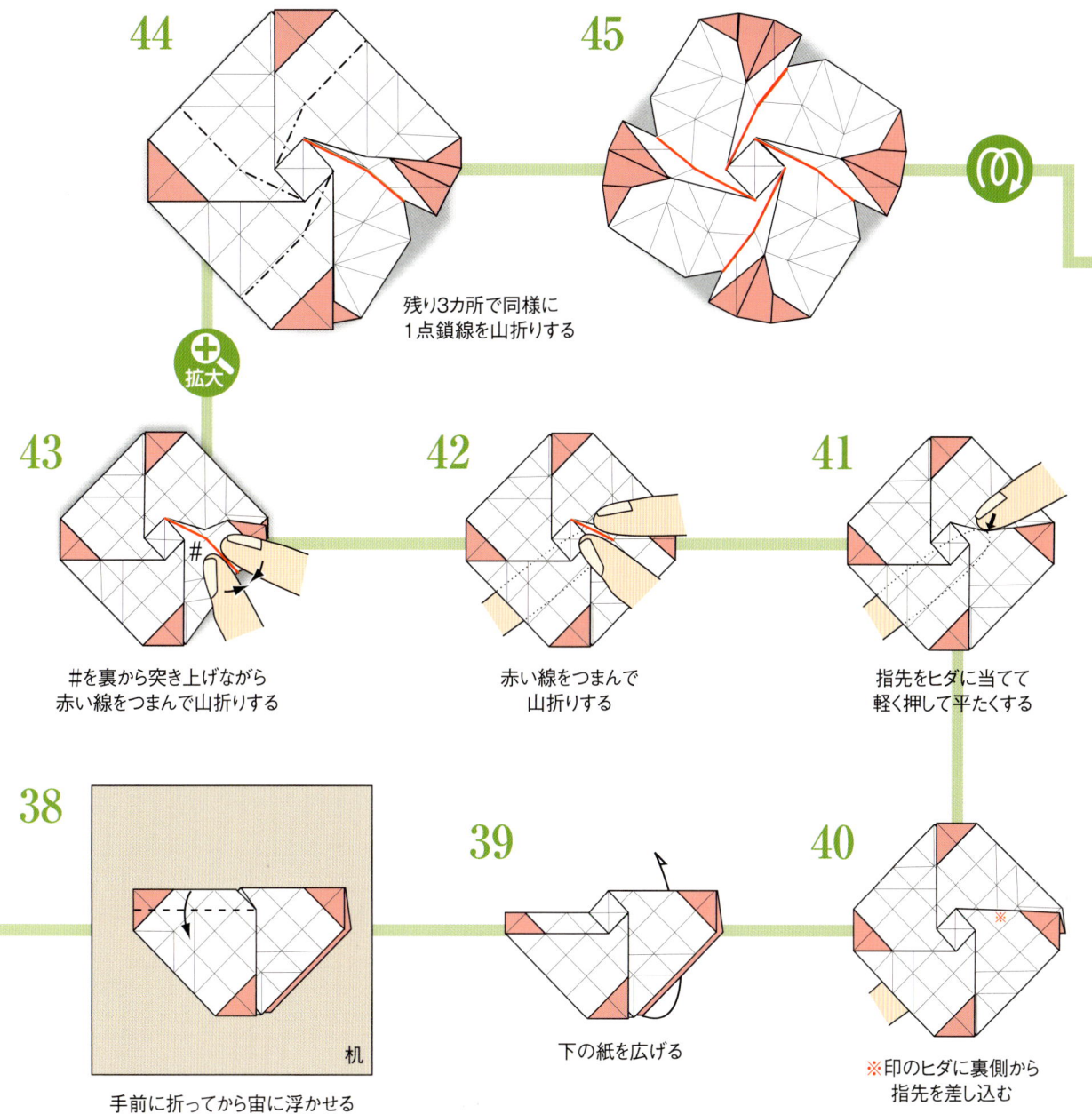

44
残り3カ所で同様に
1点鎖線を山折りする

45

43
#を裏から突き上げながら
赤い線をつまんで山折りする

42
赤い線をつまんで
山折りする

41
指先をヒダに当てて
軽く押して平たくする

38
手前に折ってから宙に浮かせる

机

39
下の紙を広げる

40
※印のヒダに裏側から
指先を差し込む

カワサキローズ

次ページへ

17

46

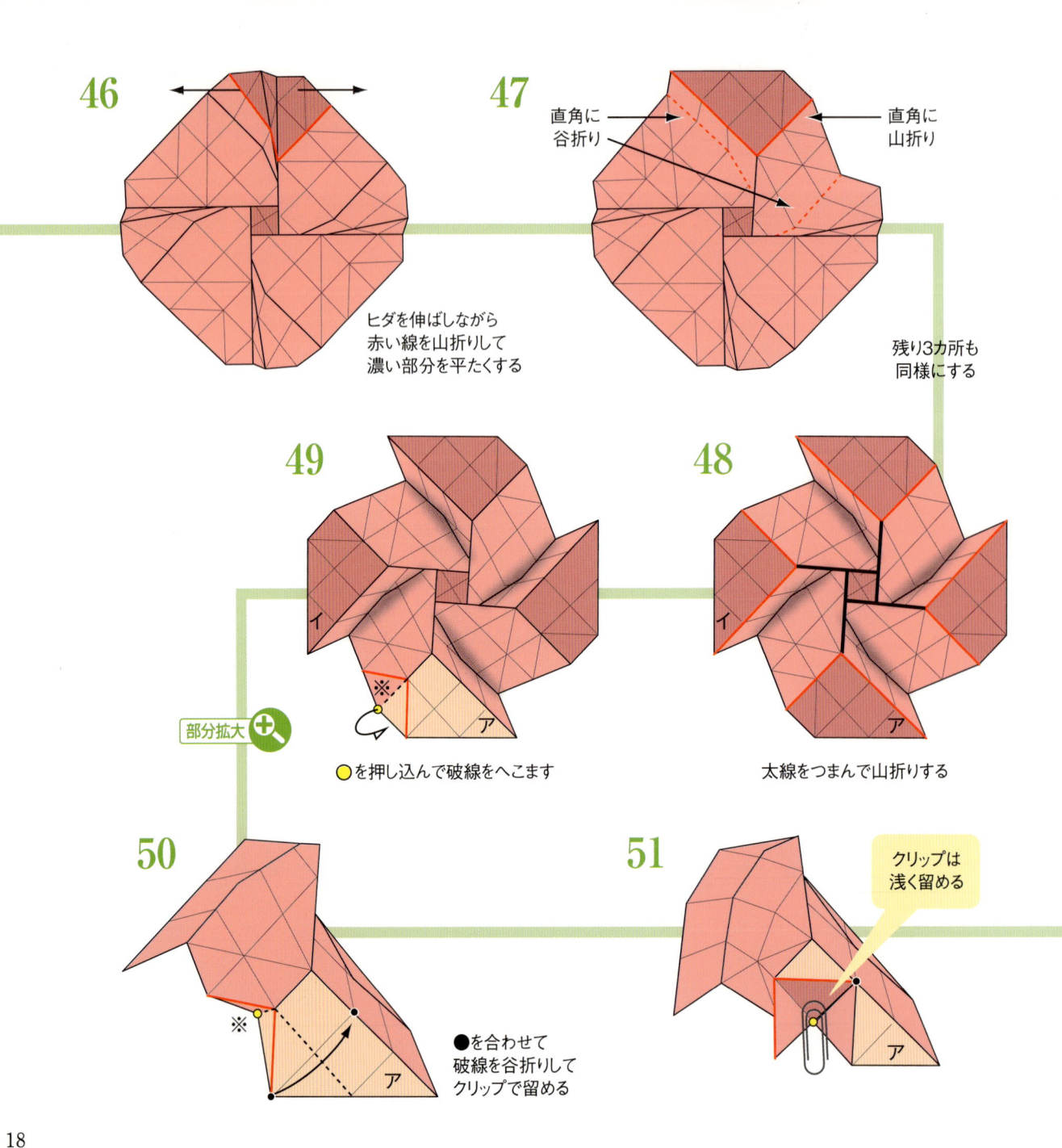

47 直角に谷折り　直角に山折り

ヒダを伸ばしながら赤い線を山折りして濃い部分を平たくする

残り3ヵ所も同様にする

49

48

部分拡大

●を押し込んで破線をへこます

太線をつまんで山折りする

50

51 クリップは浅く留める

●を合わせて破線を谷折りしてクリップで留める

18

56

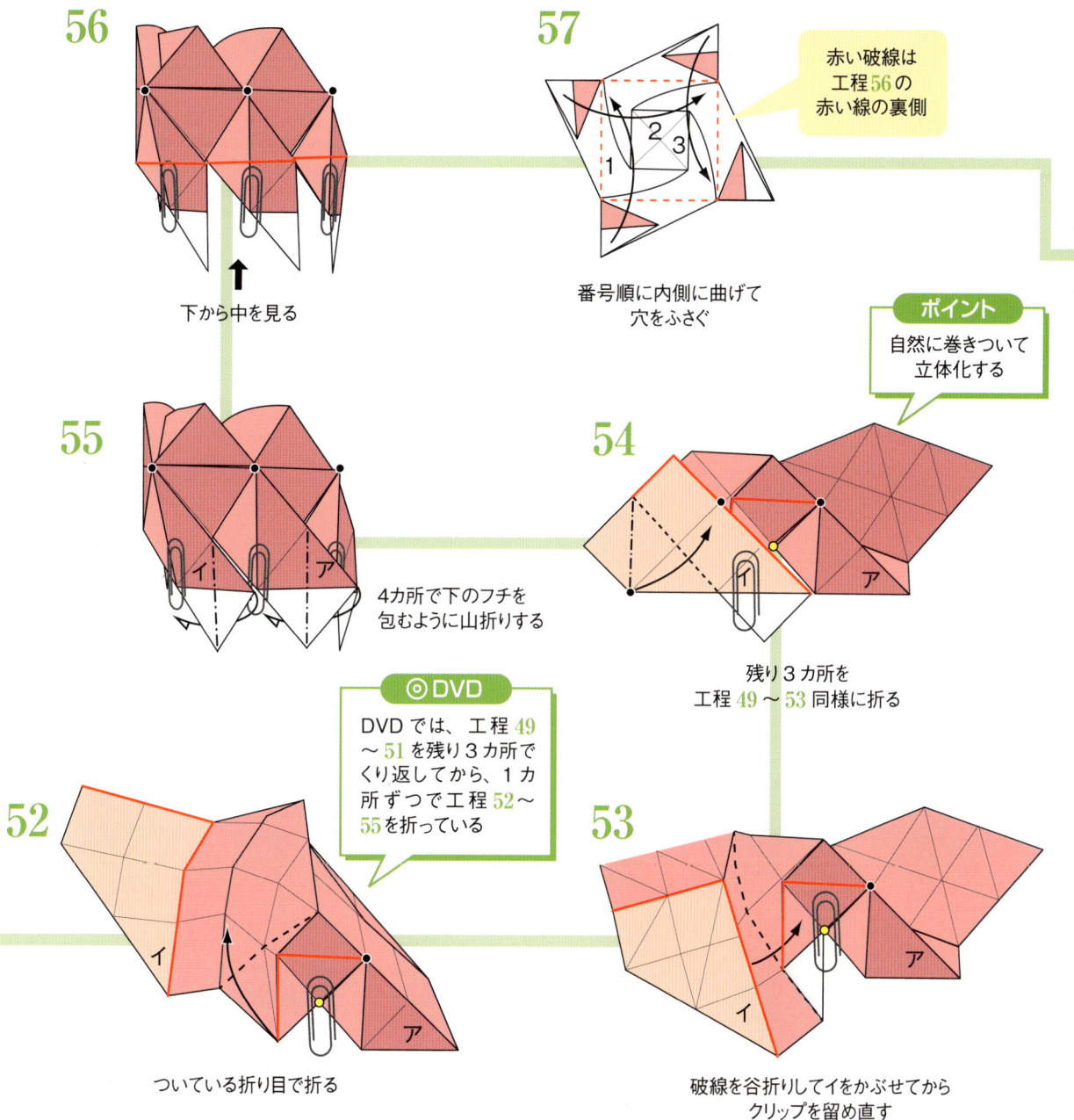

下から中を見る

57

赤い破線は
工程56の
赤い線の裏側

番号順に内側に曲げて
穴をふさぐ

カワサキローズ

次ページへ

55

4カ所で下のフチを
包むように山折りする

54

ポイント
自然に巻きついて
立体化する

残り3カ所を
工程49〜53同様に折る

◉DVD
DVDでは、工程49
〜51を残り3カ所で
くり返してから、1カ
所ずつで工程52〜
55を折っている

52

ついている折り目で折る

53

破線を谷折りしてイをかぶせてから
クリップを留め直す

58
最後のカドを
※の下に入れる

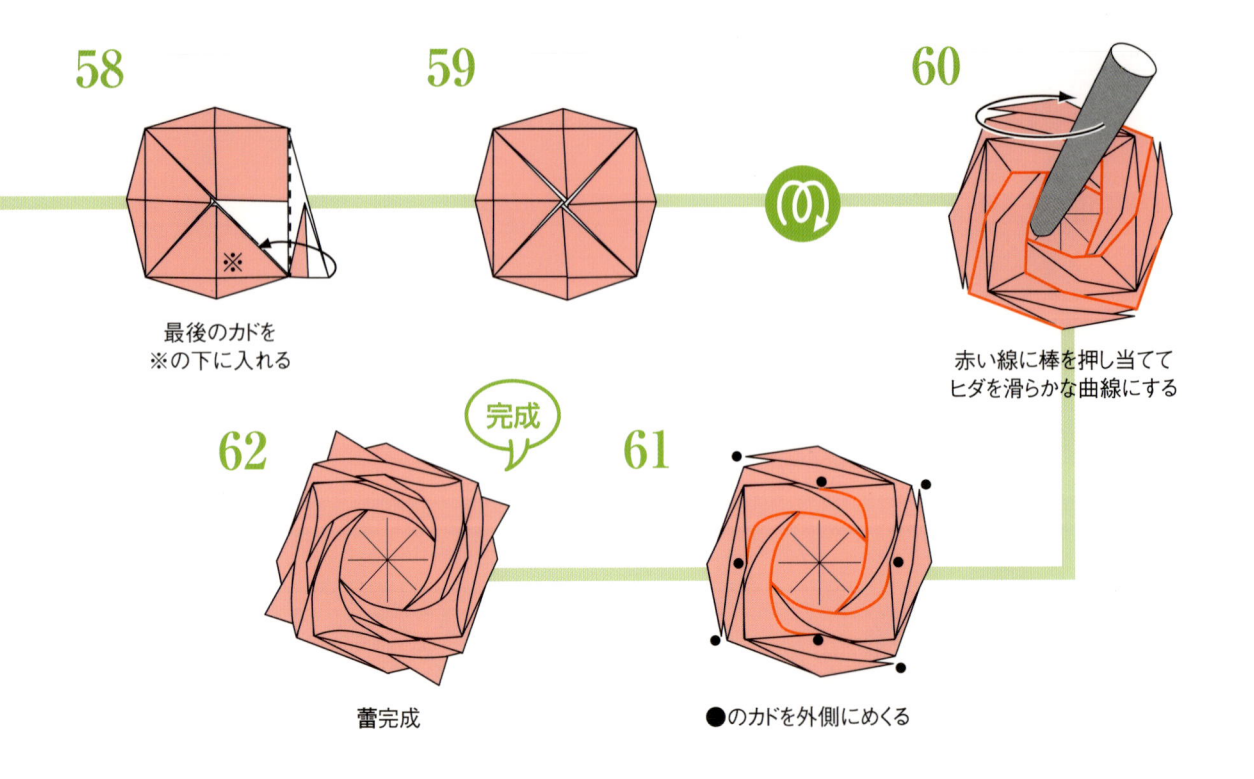

59

60
赤い線に棒を押し当てて
ヒダを滑らかな曲線にする

62
完成
蕾完成

61
●のカドを外側にめくる

Step ▶ 2 開いたばらを折る

用紙サイズ 15cm〜18cm角くらい
用紙の種類 普通の色紙

Step 1の工程 33 から始めます。

1 ●を合わせて折り、
ツメで4カ所に谷折り線をつける

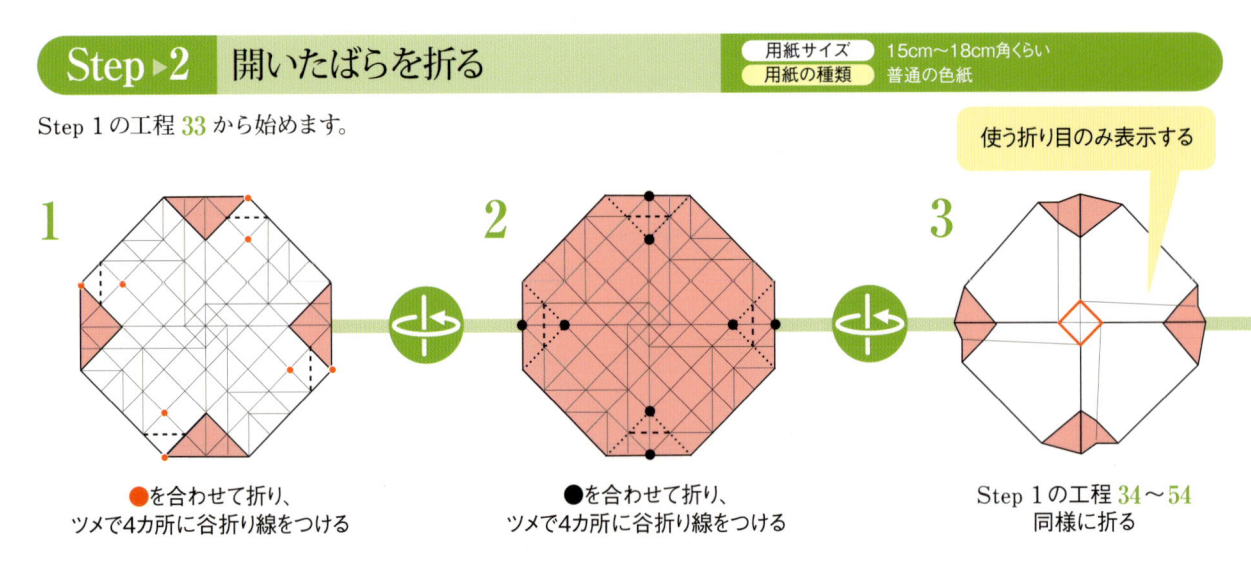

2 ●を合わせて折り、
ツメで4カ所に谷折り線をつける

3 使う折り目のみ表示する
Step 1の工程 34〜54
同様に折る

20

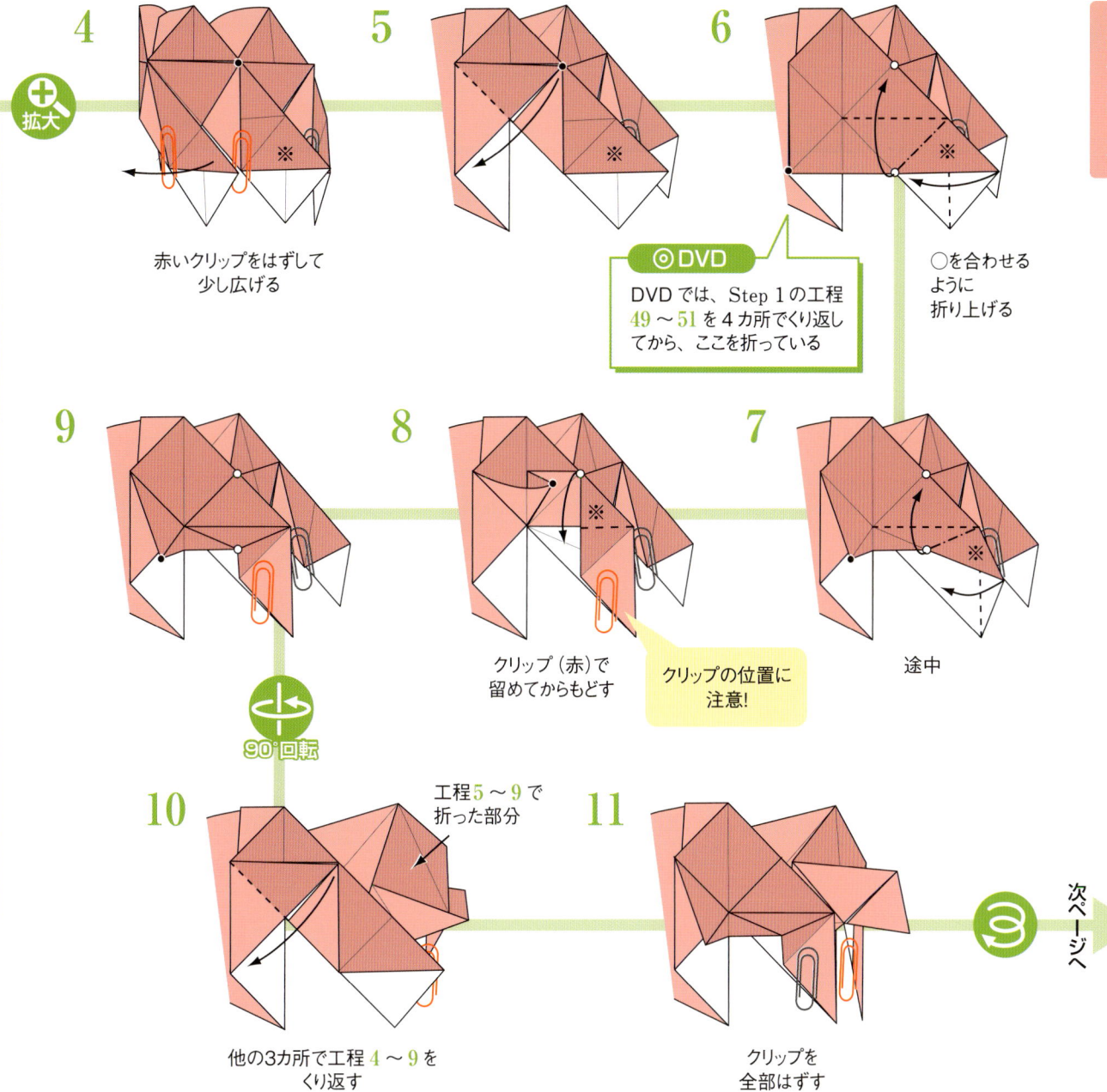

カワサキローズ

4 赤いクリップをはずして少し広げる

5

6 ○を合わせるように折り上げる

◎DVD
DVDでは、Step 1の工程 49〜51を4カ所でくり返してから、ここを折っている

9

8 クリップ（赤）で留めてからもどす

クリップの位置に注意!

7 途中

90°回転

10 工程5〜9で折った部分
他の3カ所で工程4〜9をくり返す

11 クリップを全部はずす

次ページへ

12

Step 1の工程 57〜58 同様に赤破線を番号順に直角に折って穴をふさぐ

13

14

Step 1の工程 60 のように太線に内側から棒を押し当てて滑らかにする

17

開いたばら完成

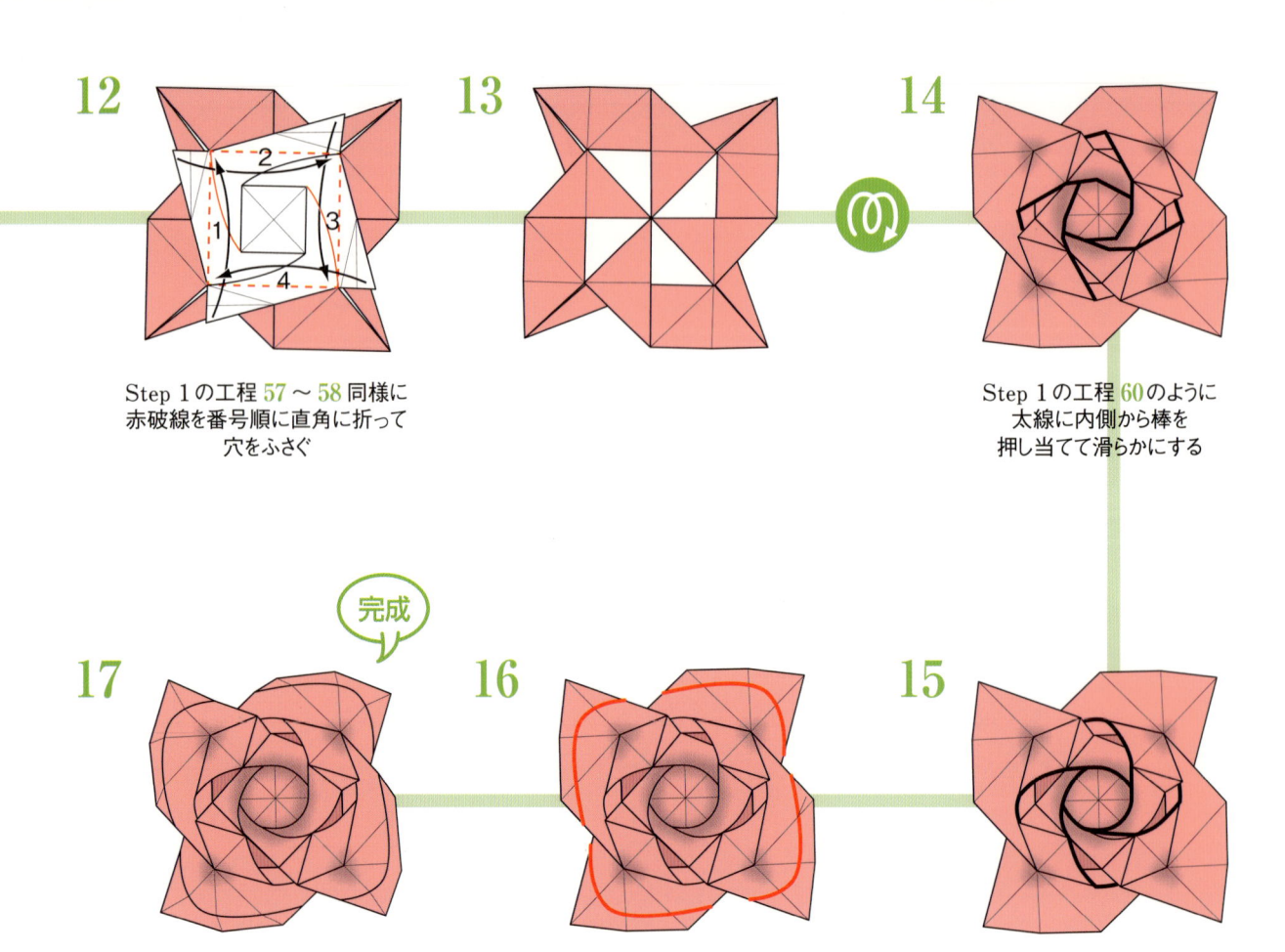

16

完成

赤い線を少し山折りして花びらを曲げる

15

ばらの葉っぱ

3葉と5葉の2種類作ります。これまでに発表したばらの葉は3葉でしたが、「うず組み」により実物と同じ5葉にすることができました。うず組みは異なる用紙サイズで作ったパーツでも組むことができるので、ばら以外の葉っぱに応用することもできます。「5葉の葉っぱ」が難しい人は、「3葉の葉っぱ」でも十分きれいです。

難易度　3葉の葉っぱ ★
　　　　　5葉の葉っぱ ★★

5葉の葉っぱ、薔薇

Step ▶ 1　3葉の葉っぱ

用紙サイズ　15cm～18cm角くらい
用紙の種類　普通の色紙

ばらの葉っぱ

1. 縦横4等分に谷折り線をつける

2. ななめ45°に谷折り線をつける

3. 破線を少し谷折りしてカドを浮かせる

4. ★を裏から押し出しながら濃い面を半分に折って●を合わせる

濃い部分は立っている

5. 左上で工程3〜4をくり返す

6. 残る2カ所も同様に折る

7. 破線を谷折りしながら★と○を中央に集める

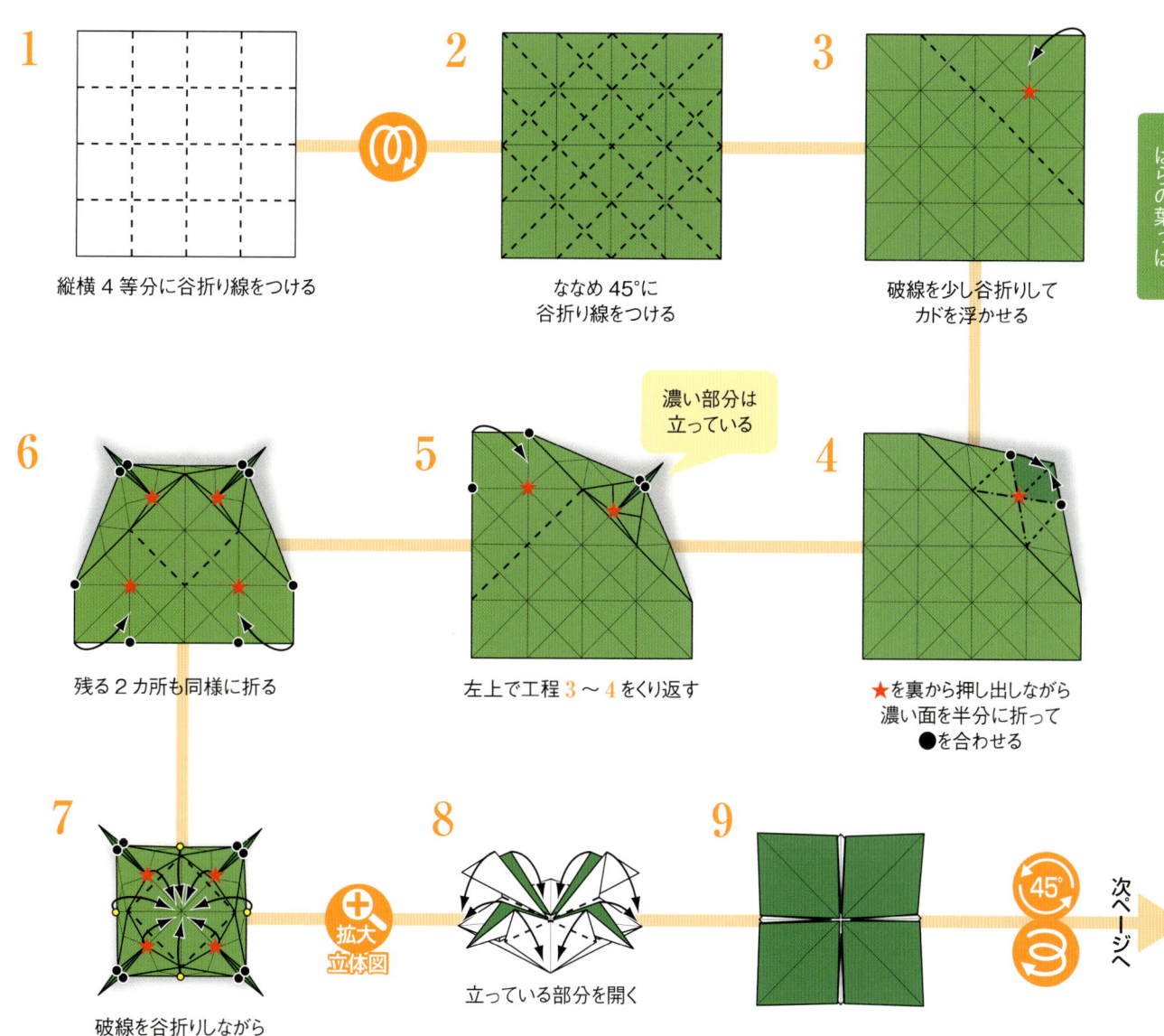

拡大立体図

8. 立っている部分を開く

9. 45°　次ページへ

25

10

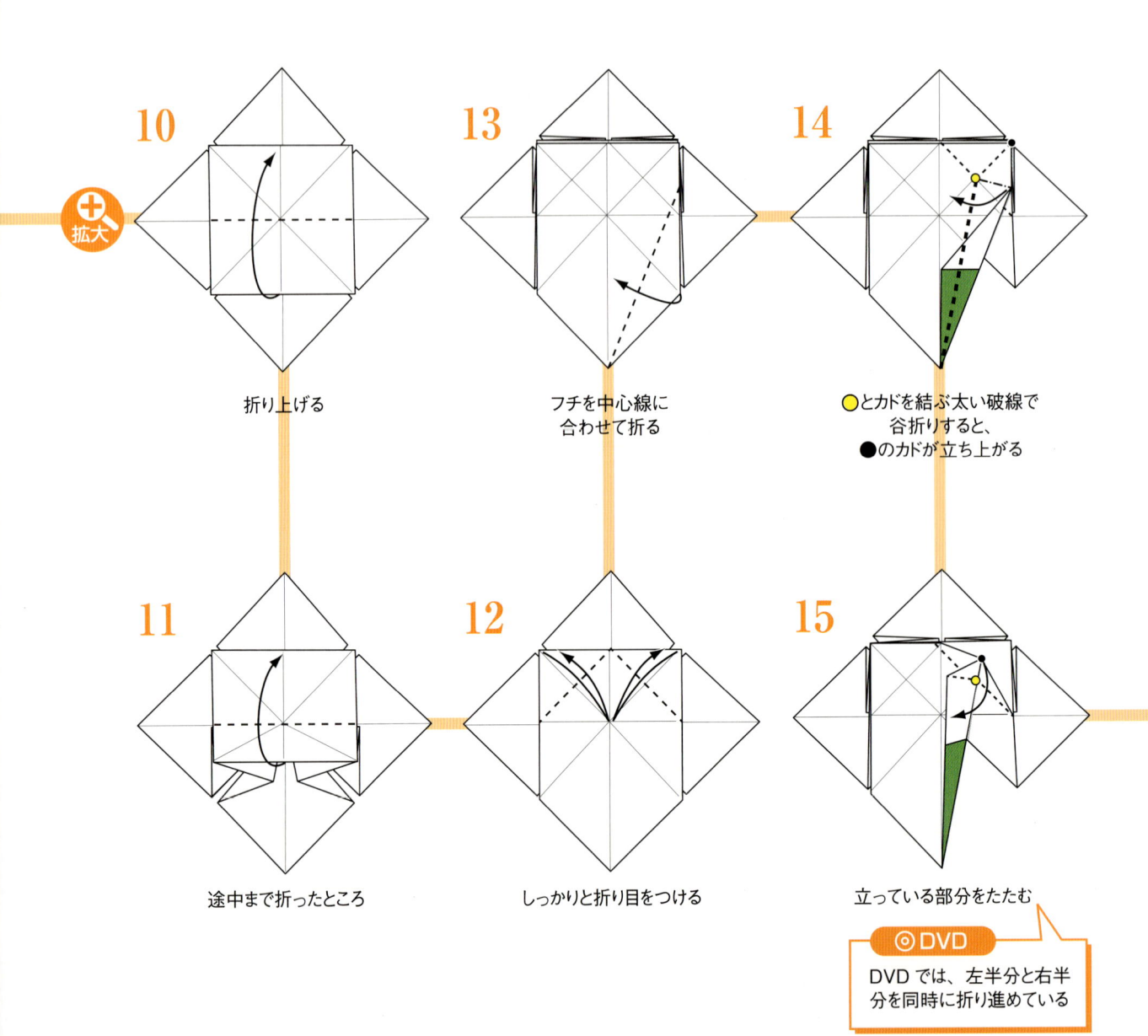

折り上げる

11

途中まで折ったところ

13

フチを中心線に
合わせて折る

12

しっかりと折り目をつける

14

○とカドを結ぶ太い破線で
谷折りすると、
●のカドが立ち上がる

15

立っている部分をたたむ

DVD
DVDでは、左半分と右半
分を同時に折り進めている

26

17
少し開く

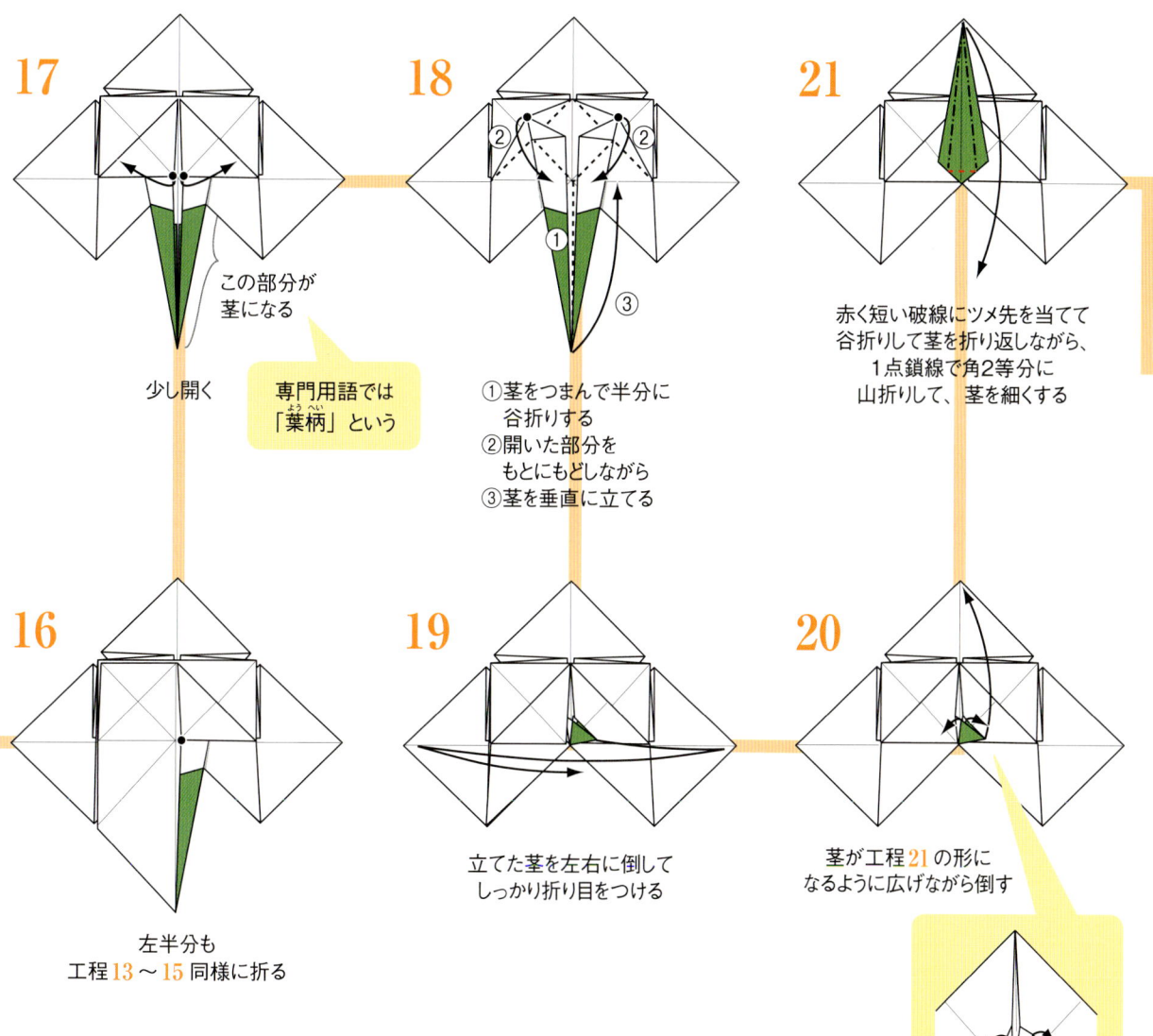

この部分が茎になる

専門用語では「葉柄（ようへい）」という

18
①茎をつまんで半分に谷折りする
②開いた部分をもとにもどしながら
③茎を垂直に立てる

21
赤く短い破線にツメ先を当てて谷折りして茎を折り返しながら、1点鎖線で角2等分に山折りして、茎を細くする

ばらの葉っぱ

次ページへ

16
左半分も工程13〜15同様に折る

19
立てた茎を左右に倒してしっかり折り目をつける

20
茎が工程21の形になるように広げながら倒す

27

22 茎をつまんで細くする

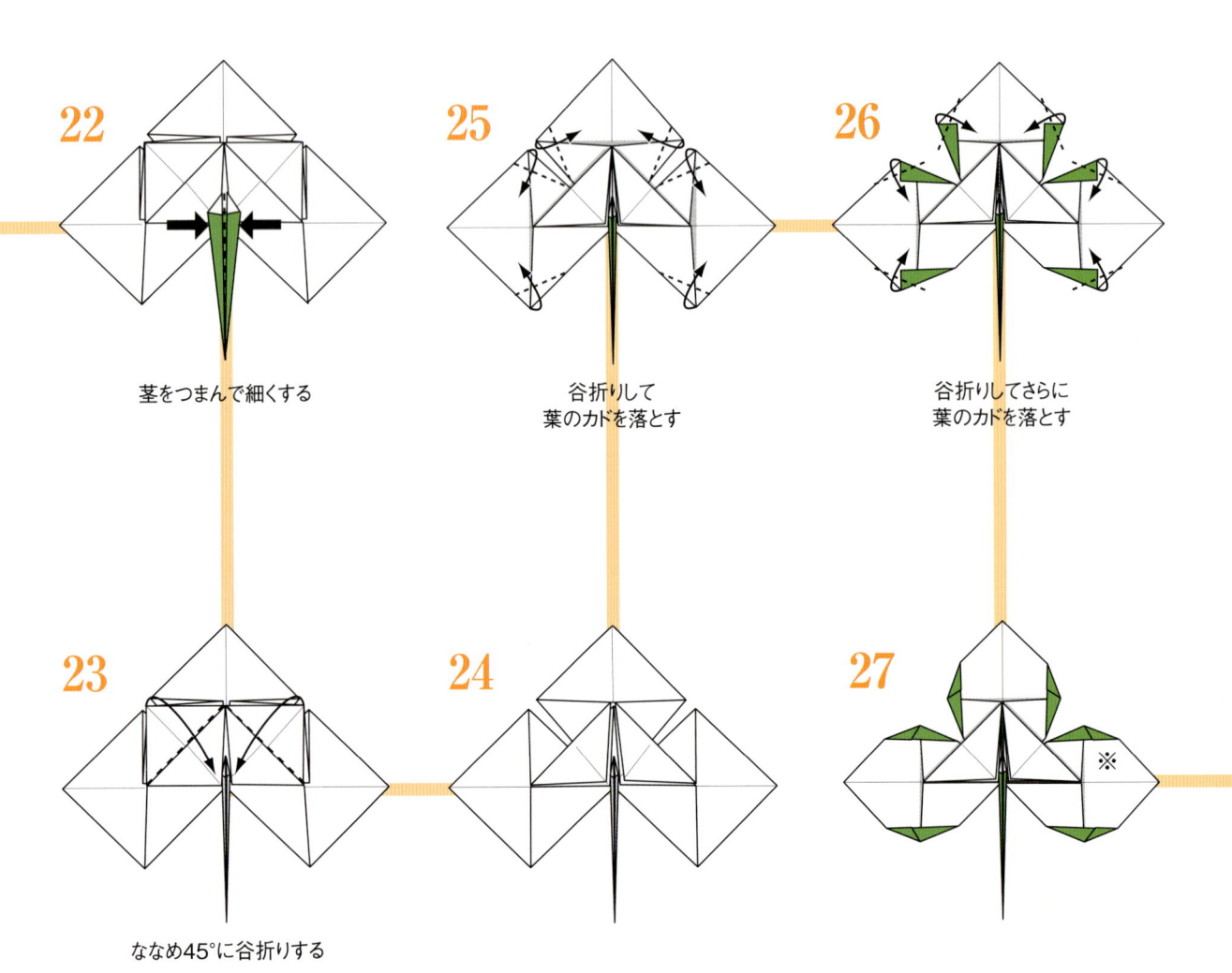

23 ななめ45°に谷折りする

24

25 谷折りして葉のカドを落とす

26 谷折りしてさらに葉のカドを落とす

27 ※

28

29
♯を浮かせる

30
ポイント
赤い線で折れる
濃い部分を♯の下に
ツメで押し込む

33
完成
3葉の葉っぱ完成

全体像

28
開く

部分拡大

31
♯を閉じる

32
残り5カ所も同様にする

ばらの葉っぱ

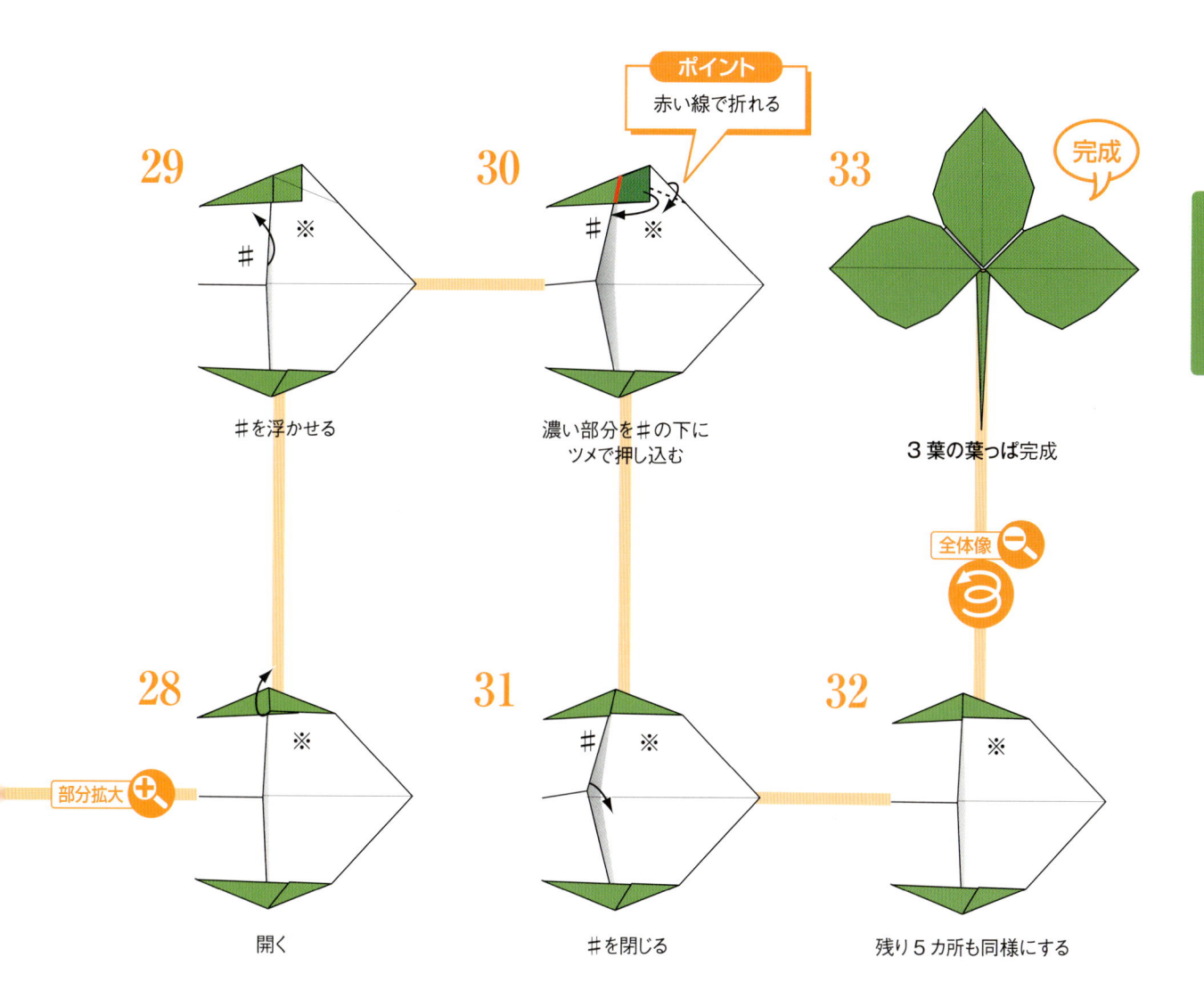

29

Step ▶ 2　「3葉パーツ」を作る

用紙サイズ　15cm〜18cm角くらい
用紙の種類　普通の色紙

3葉の葉っぱの茎を「うず組み」できるようにした**5葉**の葉っぱのパーツです。Step 1の工程**12**まで折ったところから始めます。

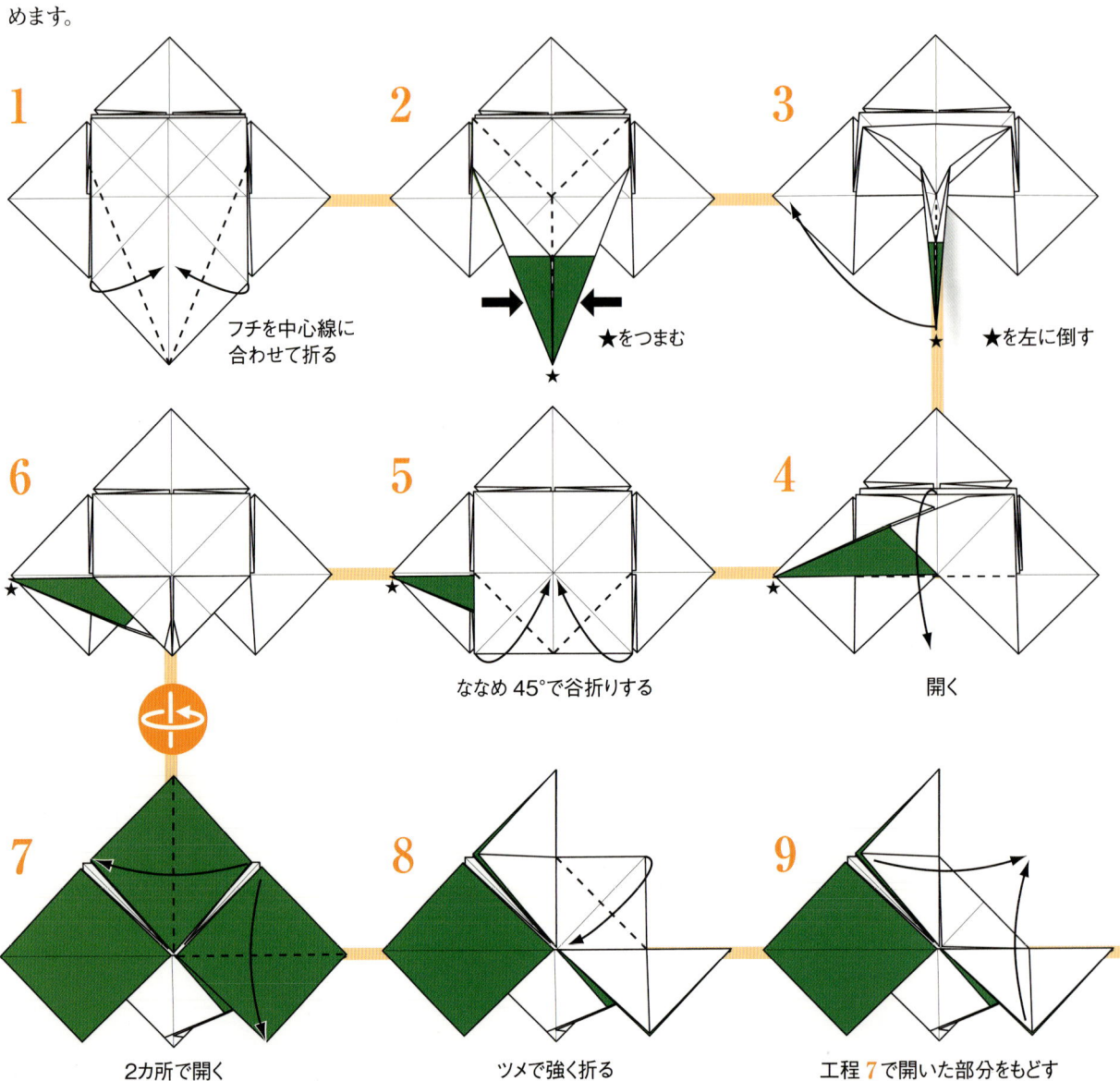

1. フチを中心線に合わせて折る
2. ★をつまむ
3. ★を左に倒す
4. 開く
5. ななめ45°で谷折りする
6. （裏返す）
7. 2カ所で開く
8. ツメで強く折る
9. 工程7で開いた部分をもどす

17

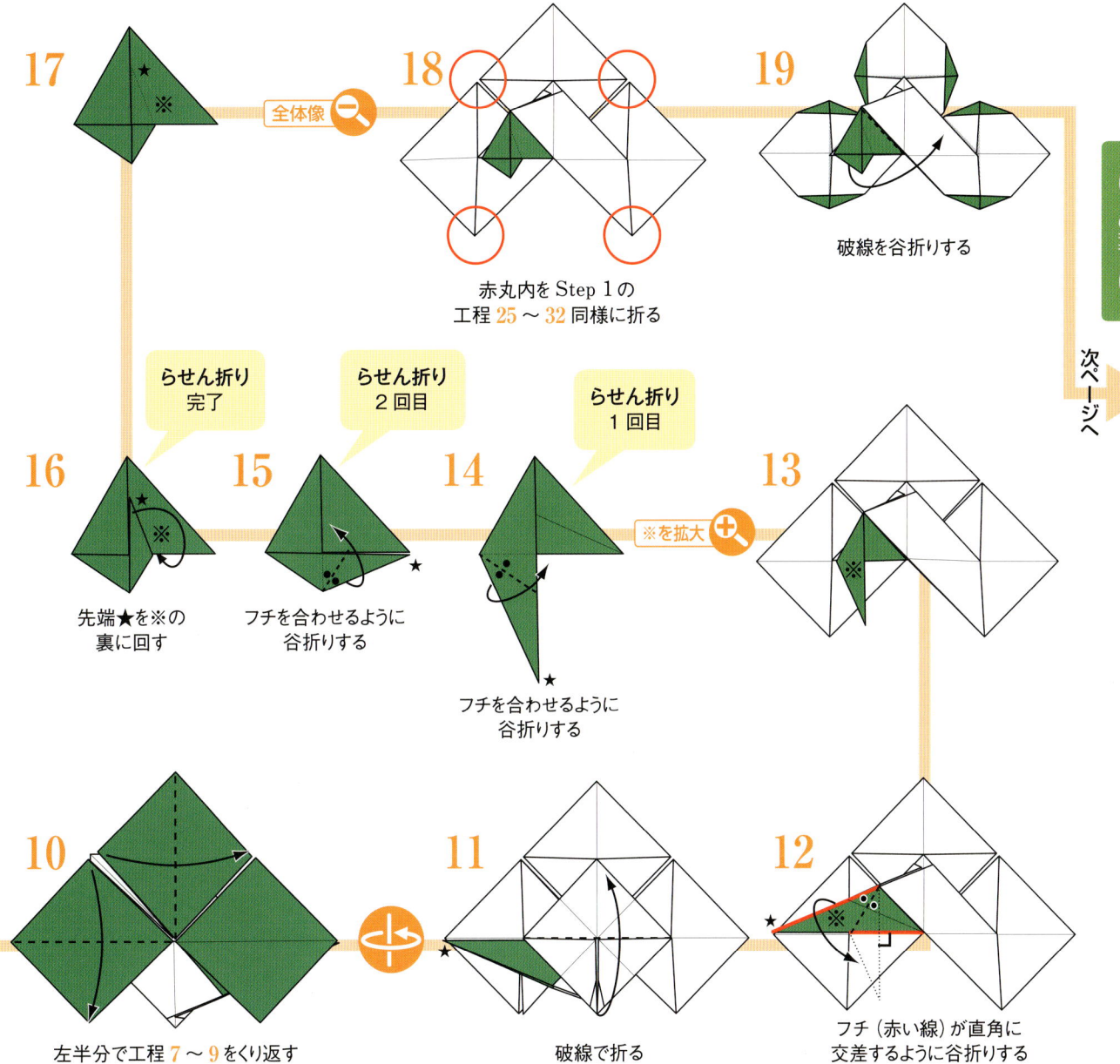

18
赤丸内を Step 1 の
工程 25〜32 同様に折る

19
破線を谷折りする

ばらの葉っぱ

次ページへ

16
らせん折り
完了

先端★を※の
裏に回す

15
らせん折り
2回目

フチを合わせるように
谷折りする

14
らせん折り
1回目

フチを合わせるように
谷折りする

※を拡大

13

10
左半分で工程 7〜9 をくり返す

11
破線で折る

12
フチ（赤い線）が直角に
交差するように谷折りする

31

20
折り返す

21

22
3葉パーツ完成

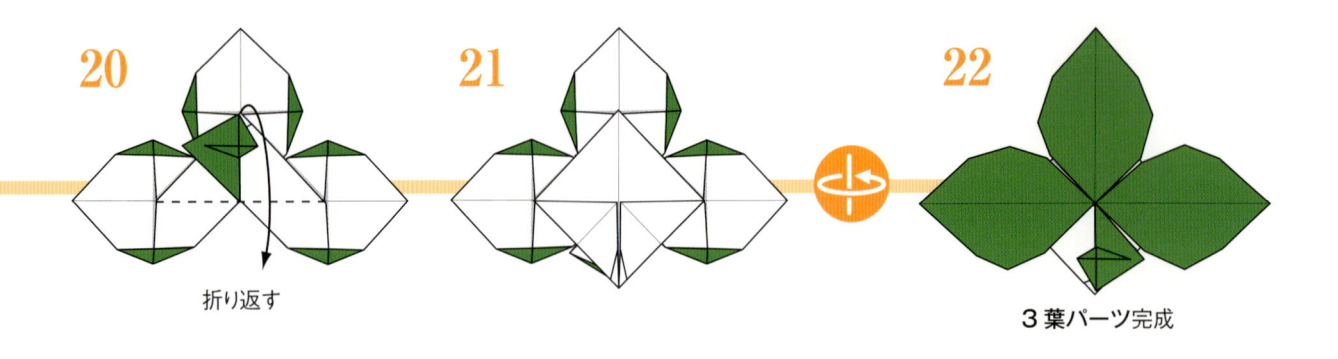

Step ▶ 3 「2葉パーツ」を作る

用紙サイズ：15cm〜18cm角くらい
用紙の種類：普通の色紙

Step 1の工程 **22** を裏返したところから始めます。

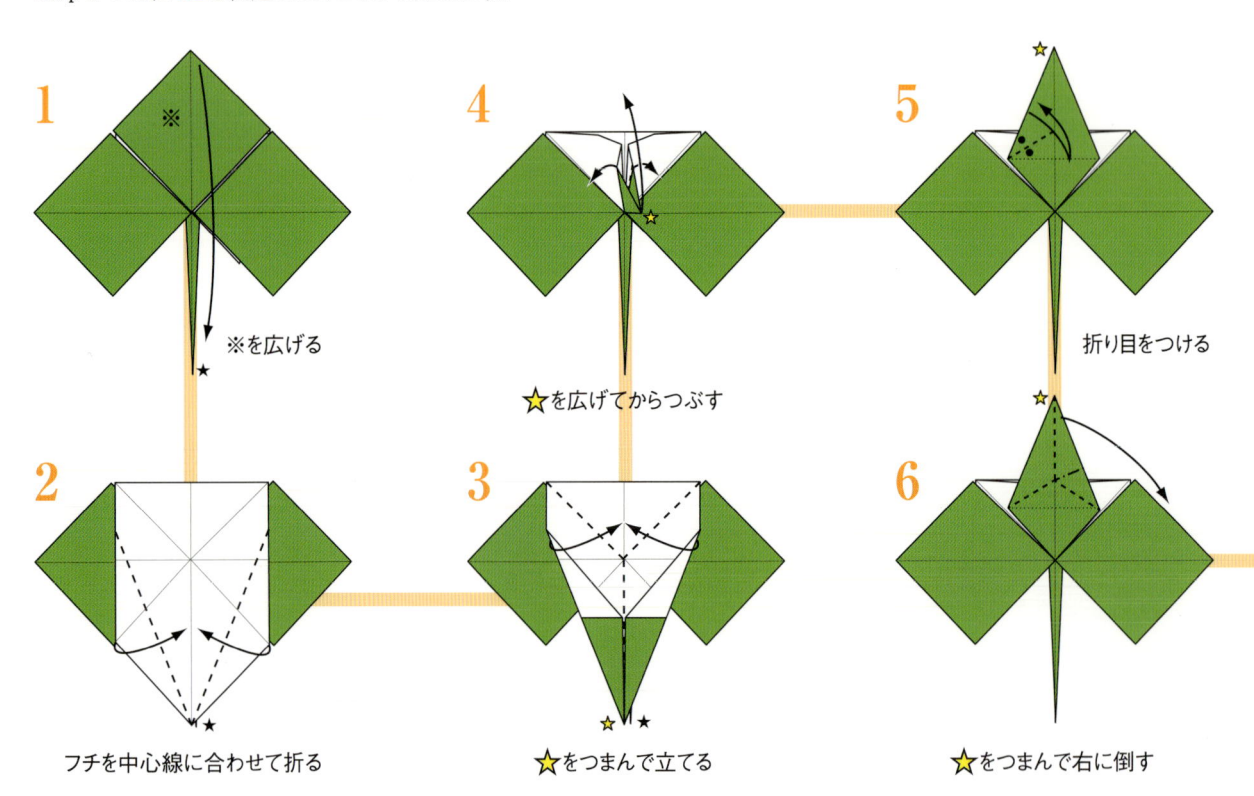

1
※を広げる

2
フチを中心線に合わせて折る

3
☆をつまんで立てる

4
☆を広げてからつぶす

5
折り目をつける

6
☆をつまんで右に倒す

13

赤丸内を Step 1 の
工程 25〜32 同様に折る

14

15

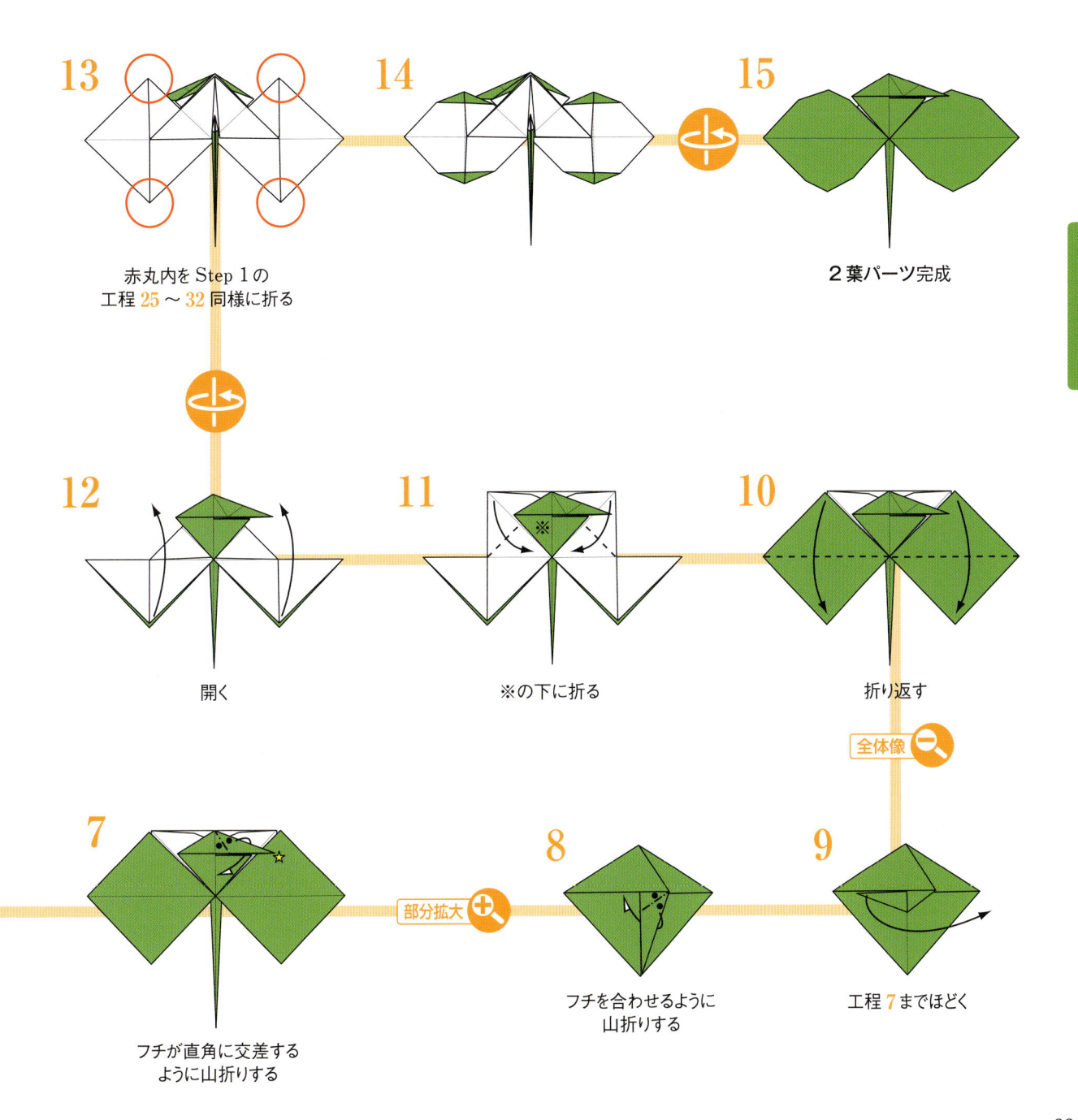

2葉パーツ完成

12

開く

11

※の下に折る

10

折り返す

7

フチが直角に交差する
ように山折りする

8

フチを合わせるように
山折りする

9

工程 7 までほどく

ばらの葉っぱ

Step ▶ 4　5葉の葉っぱ

材料　3葉パーツ＋2葉パーツ

Step 2の**3葉パーツ**とStep3の**2葉パーツ**を「うず組み」して**5葉の葉っぱ**を作ります。

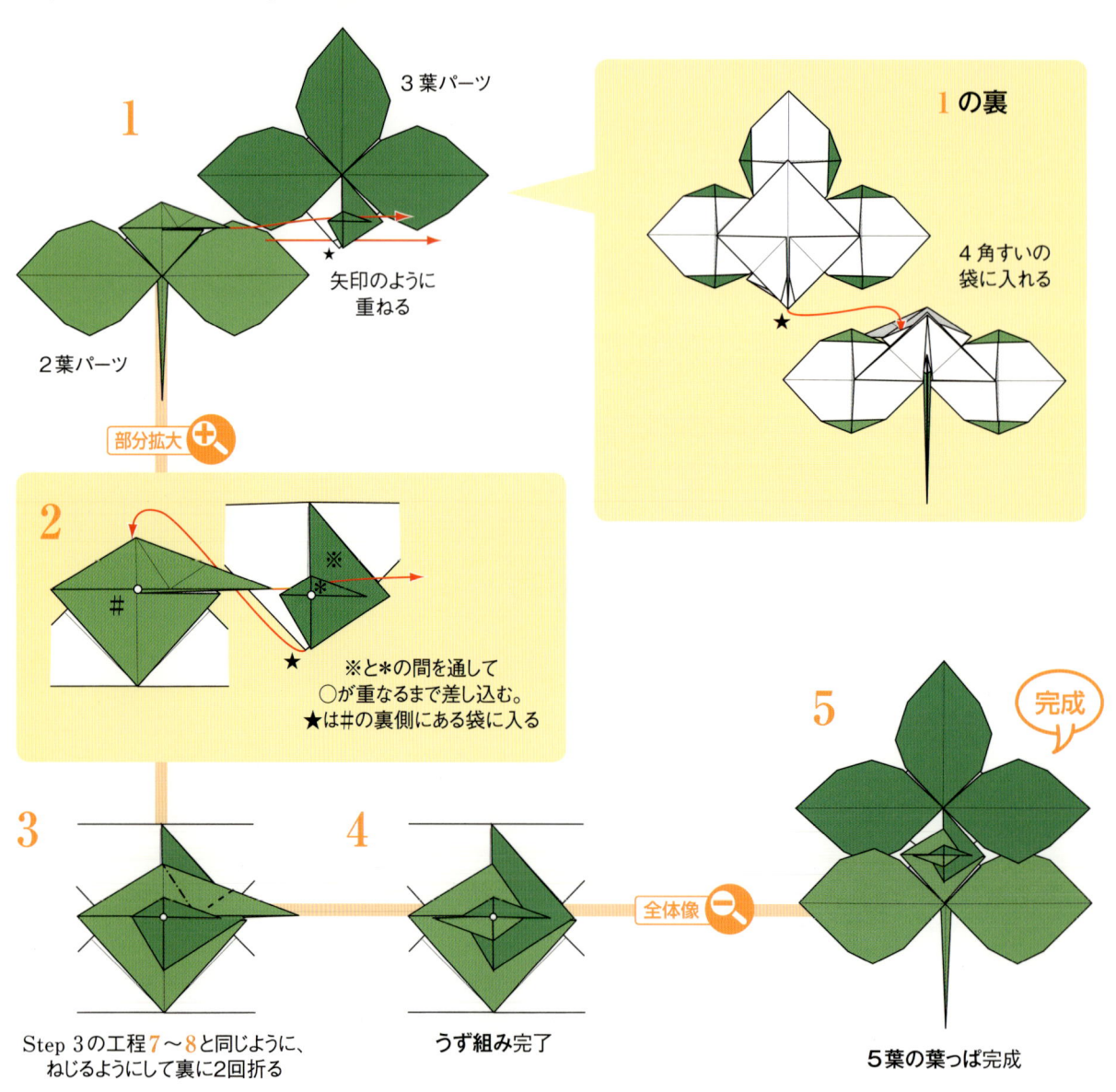

1

3葉パーツ

2葉パーツ

矢印のように重ねる

1の裏

4角すいの袋に入れる

部分拡大

2

※と＊の間を通して○が重なるまで差し込む。
★は#の裏側にある袋に入る

3

Step 3の工程**7〜8**と同じように、ねじるようにして裏に2回折る

4

うず組み完了

全体像

5

完成

5葉の葉っぱ完成

34

ばらのつぼみ・3分ローズ

筆者のばらは何種類もありますが、「ばらのつぼみ」はもっとも古く、原種に近いものです。薔薇（57ページ）に必要な「ねじり折り」「ねじり折りの立体化」などの技法が含まれているので、しっかりマスターしてください。

「3分ローズ」は1分ローズのつぼみ版で、Kawasaki Roseと呼ばれるばらの中で最新のものです。慣れると3分で折れます。

難易度　ばらのつぼみ ★★
　　　　　　3分ローズ ★

ばらのつぼみ、薔薇、3葉の葉っぱ

Step ▶ 1　ばらのつぼみを折る

用紙サイズ　15cm～18cm角くらい
用紙の種類　両面色紙

1　半分に折る

2　1枚だけ半分に折る

3　2枚重ねて半分に折る。ずれないように注意する

4　広げる

5　裏も工程 2 ～ 4 同様に折り目をつけてから開く

6　縦方向も工程 1 ～ 5 同様に8等分の折り目をつける

7

8　中央の太線 a をつまんで山折りしたまま、折り目 b に重ねて a と b の間に谷折り線をつける

9　a を1つ手前の折り目 c に合わせて間に谷折り線をつける

10　広げる

次ページへ

ばらのつぼみ・3分ローズ

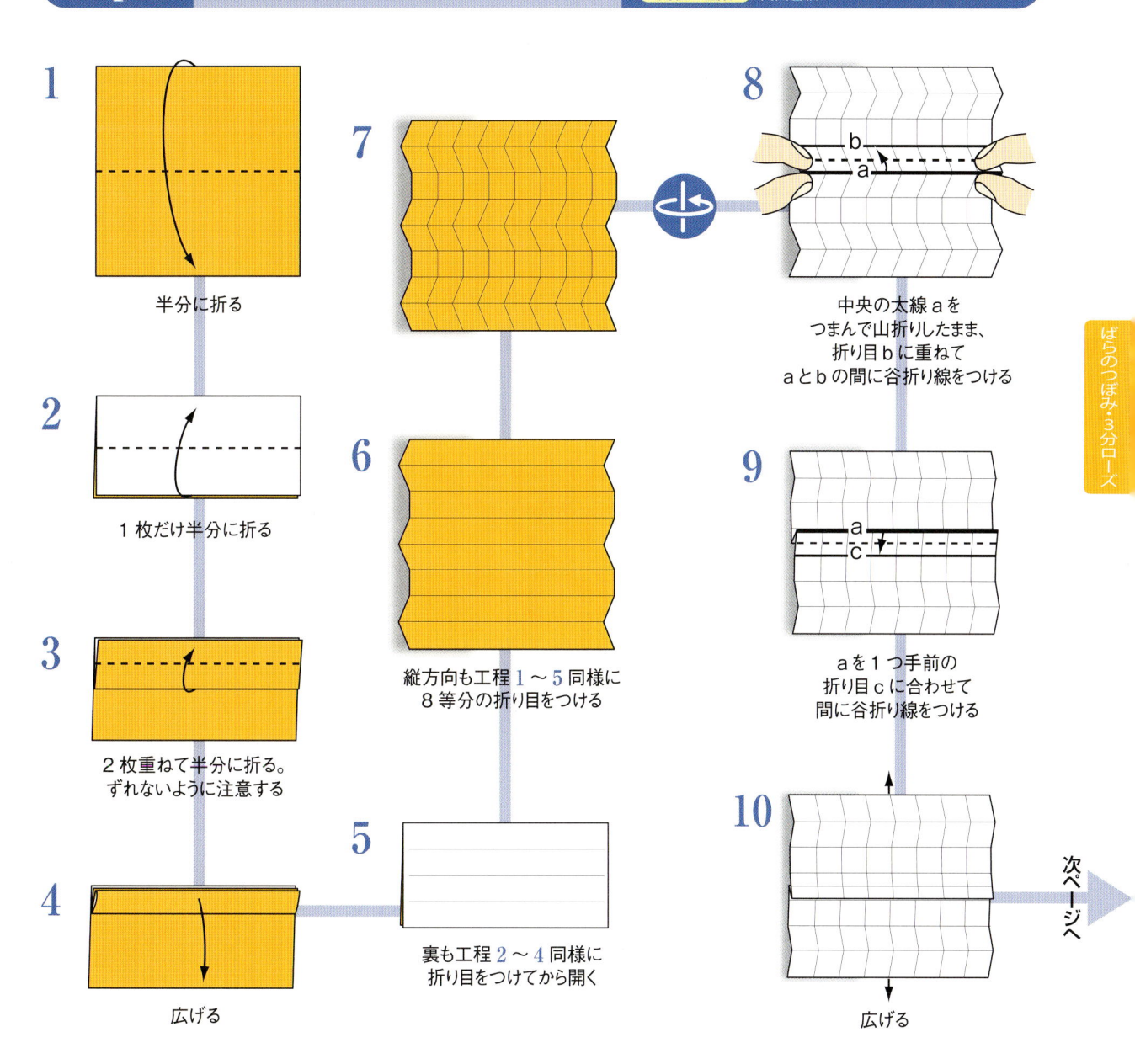

37

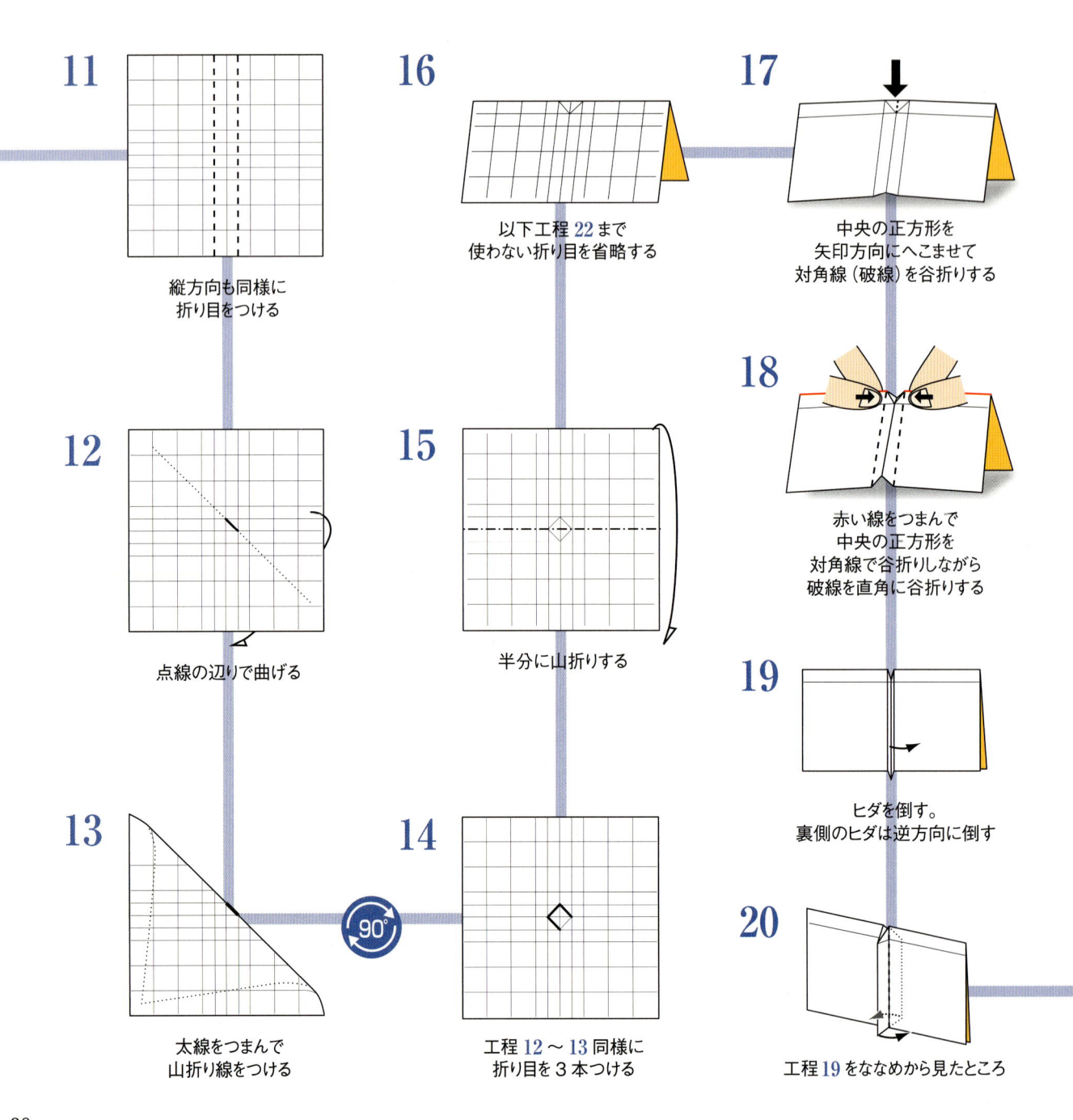

11
縦方向も同様に折り目をつける

12
点線の辺りで曲げる

13
太線をつまんで山折り線をつける

14
工程 12 ～ 13 同様に折り目を 3 本つける

15
半分に山折りする

16
以下工程 22 まで使わない折り目を省略する

17
中央の正方形を矢印方向にへこませて対角線（破線）を谷折りする

18
赤い線をつまんで中央の正方形を対角線で谷折りしながら破線を直角に谷折りする

19
ヒダを倒す。裏側のヒダは逆方向に倒す

20
工程 19 をななめから見たところ

24
フチを太線に合わせて
谷折り線をつける。
赤い部分は折らない

厚い

25
ここだけ折る
ここは絶対折らない

23
ねじり折り完成

26
重ねたまま番号順に
しっかりと山折り線をつける

29
※の裏のヒダに指先を入れる

ヒダをつぶしながら
太線をつまんで上1枚を
しっかりと山折りする

次ページへ

ばらのつぼみ・3分ローズ

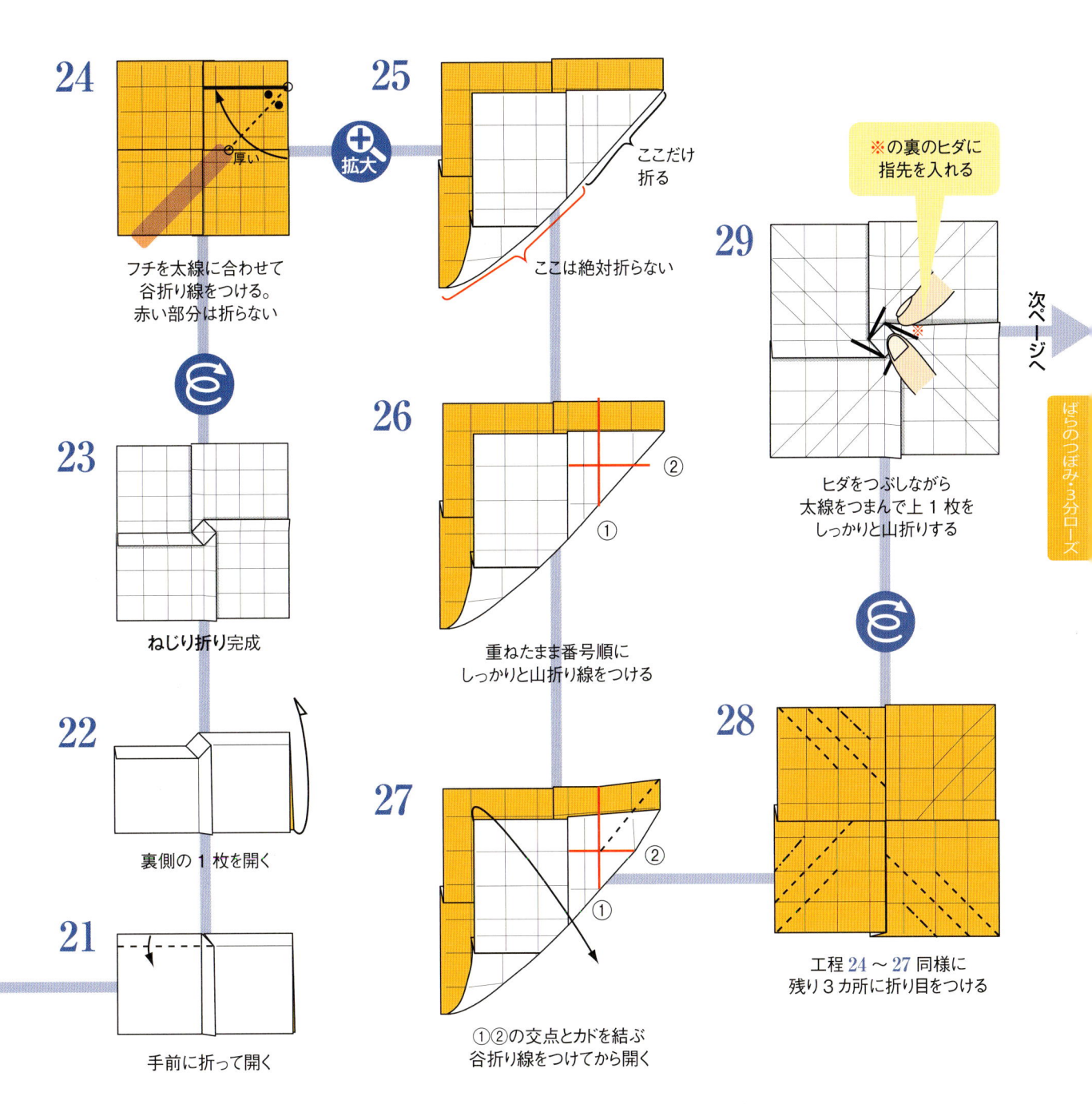

22
裏側の1枚を開く

27
①②の交点とカドを結ぶ
谷折り線をつけてから開く

28
工程24〜27同様に
残り3カ所に折り目をつける

21
手前に折って開く

30

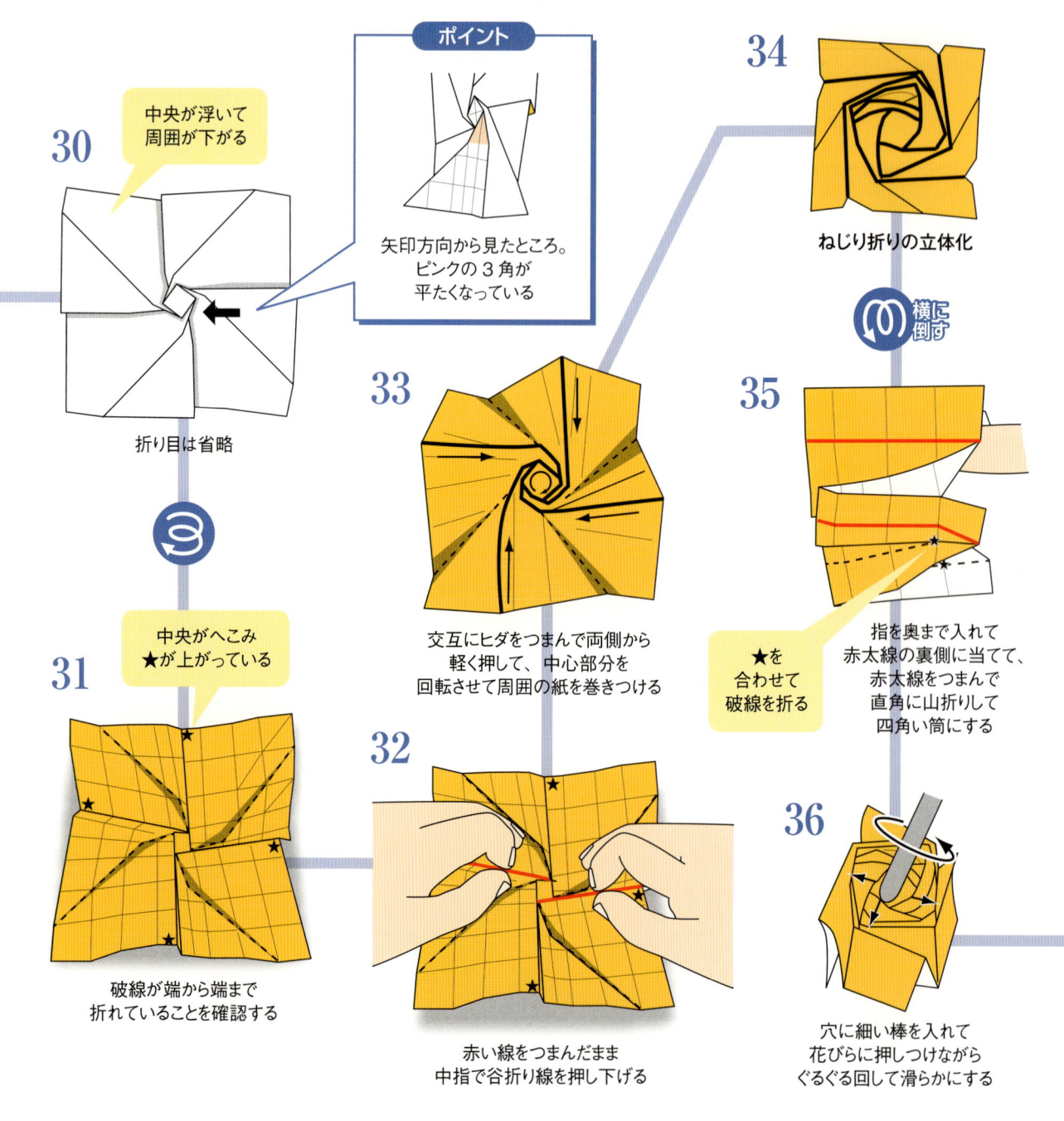

中央が浮いて周囲が下がる

折り目は省略

ポイント

矢印方向から見たところ。ピンクの3角が平たくなっている

31

中央がへこみ★が上がっている

破線が端から端まで折れていることを確認する

32

赤い線をつまんだまま中指で谷折り線を押し下げる

33

交互にヒダをつまんで両側から軽く押して、中心部分を回転させて周囲の紙を巻きつける

34

ねじり折りの立体化

横に倒す

35

★を合わせて破線を折る

指を奥まで入れて赤太線の裏側に当てて、赤太線をつまんで直角に山折りして四角い筒にする

36

穴に細い棒を入れて花びらに押しつけながらぐるぐる回して滑らかにする

40

工程39〜41の練習

① 縦横4等分したもの

② 縦と横の山折り線をつける

③ ★を合わせて折る（工程40）

④ 途中（工程41）

⑤ ●がサイコロのカドになる（工程42）

38 赤い線を再度折ってからイを大きく開く

37

39 工程26でつけた折り線を確認する

40 工程27と同じ折り
★を合わせて赤い線を直角に山折りする

41 途中
机

次ページへ

ばらのつぼみ・3分ローズ

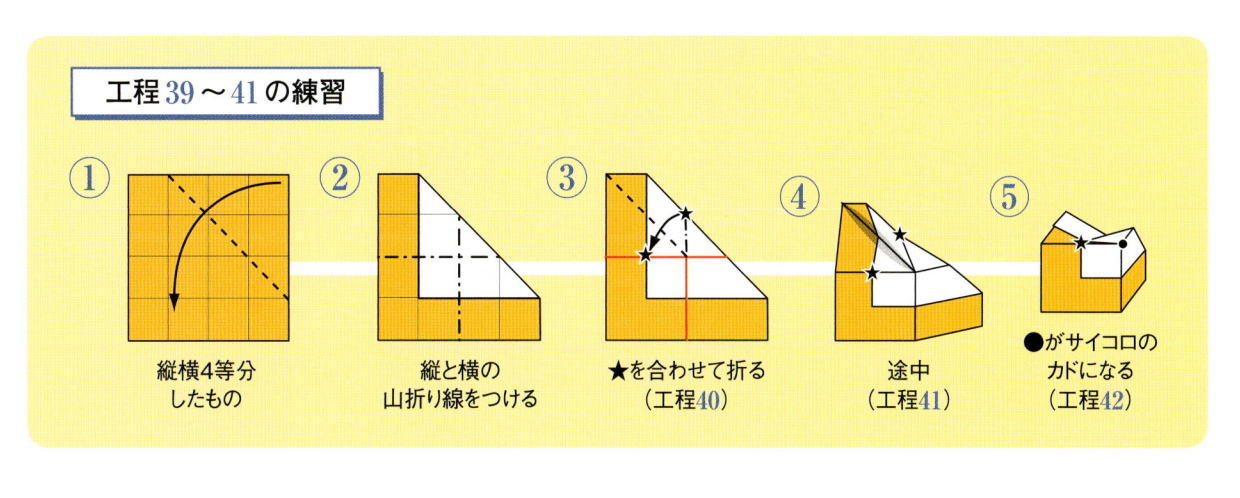

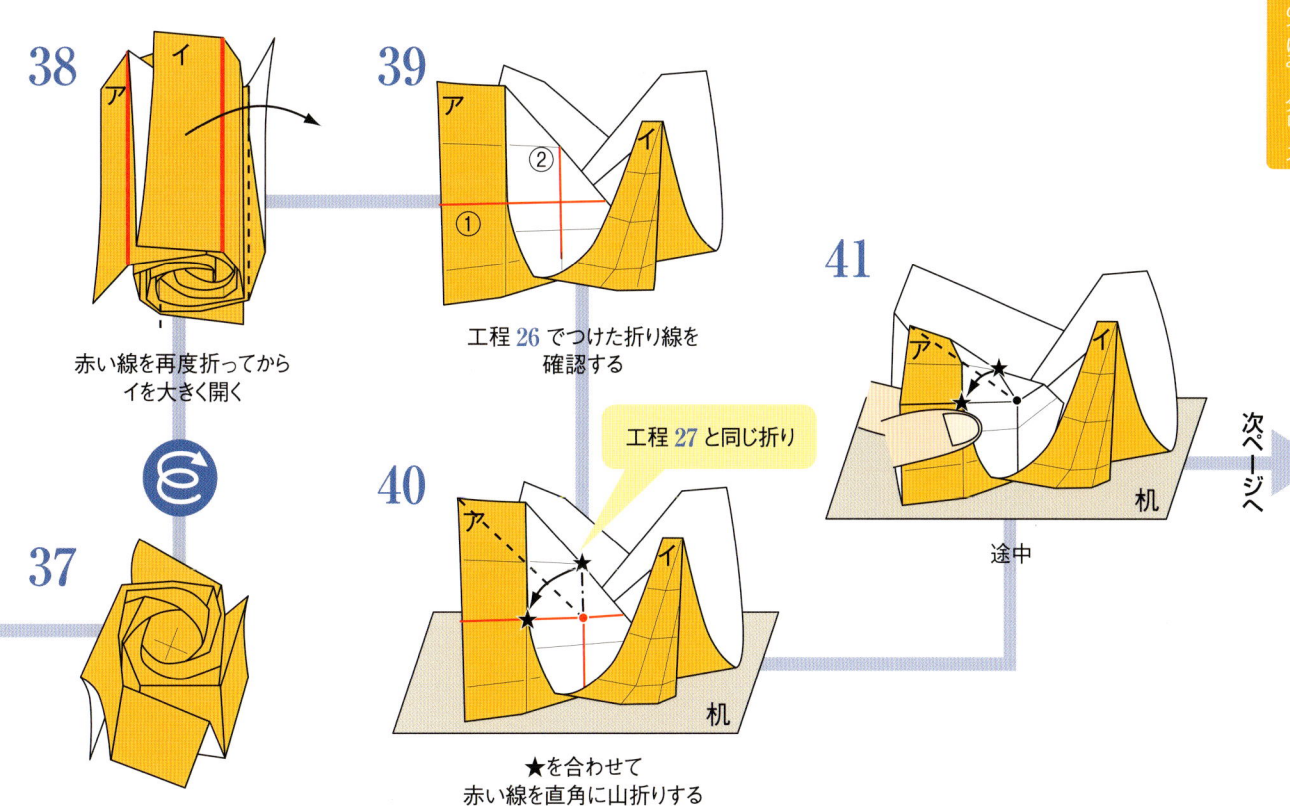

41

42

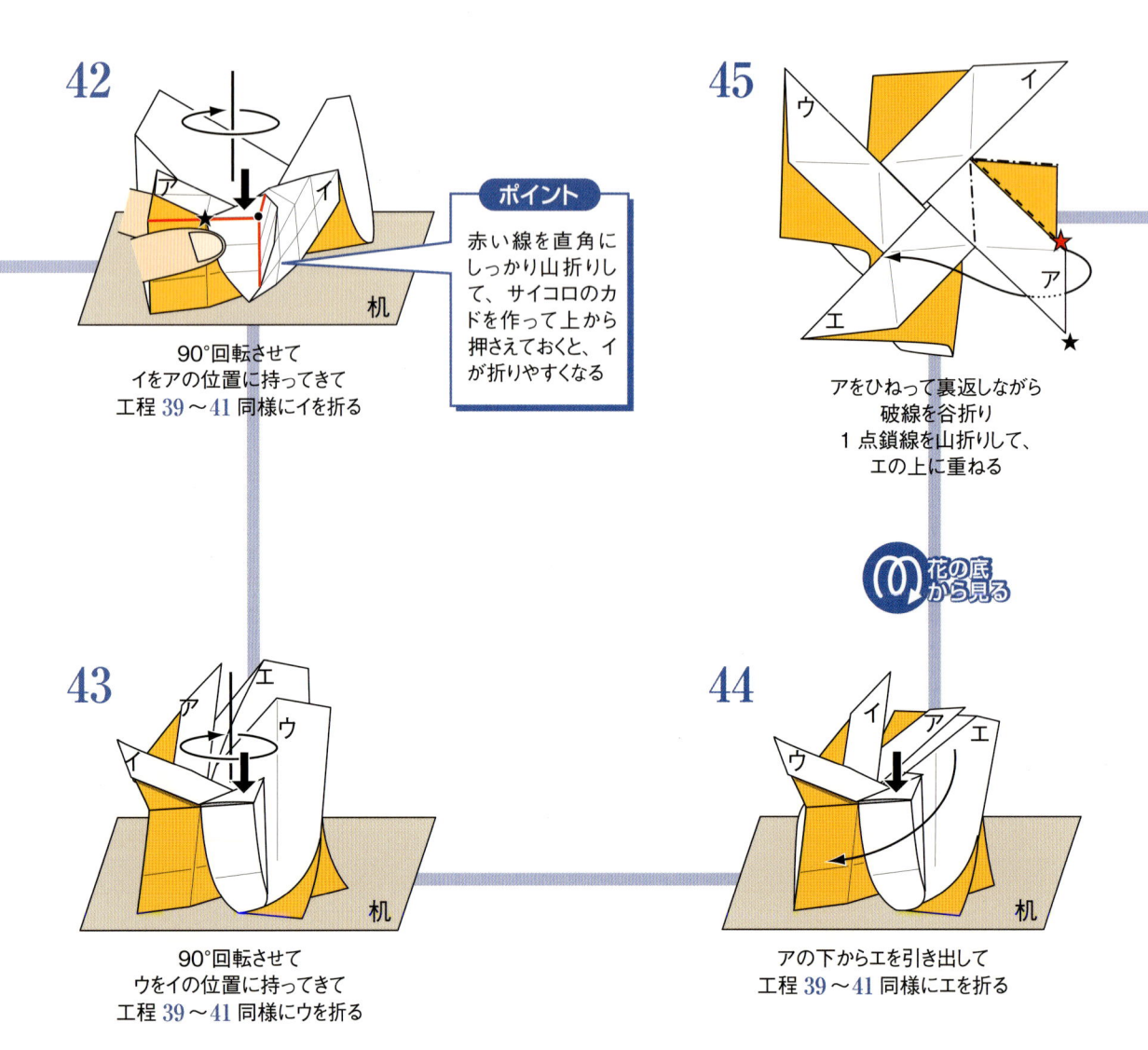

90°回転させて
イをアの位置に持ってきて
工程 39〜41 同様にイを折る

ポイント
赤い線を直角にしっかり山折りして、サイコロのカドを作って上から押さえておくと、イが折りやすくなる

43

90°回転させて
ウをイの位置に持ってきて
工程 39〜41 同様にウを折る

44

アの下からエを引き出して
工程 39〜41 同様にエを折る

花の底から見る

45

アをひねって裏返しながら
破線を谷折り
1点鎖線を山折りして、
エの上に重ねる

46 同様にイ、ウを折る

47 同様にアの下でエを折る

48

49 花びらをカールさせる

50 完成 バラのつぼみ完成

ばらのつぼみ・3分ローズ

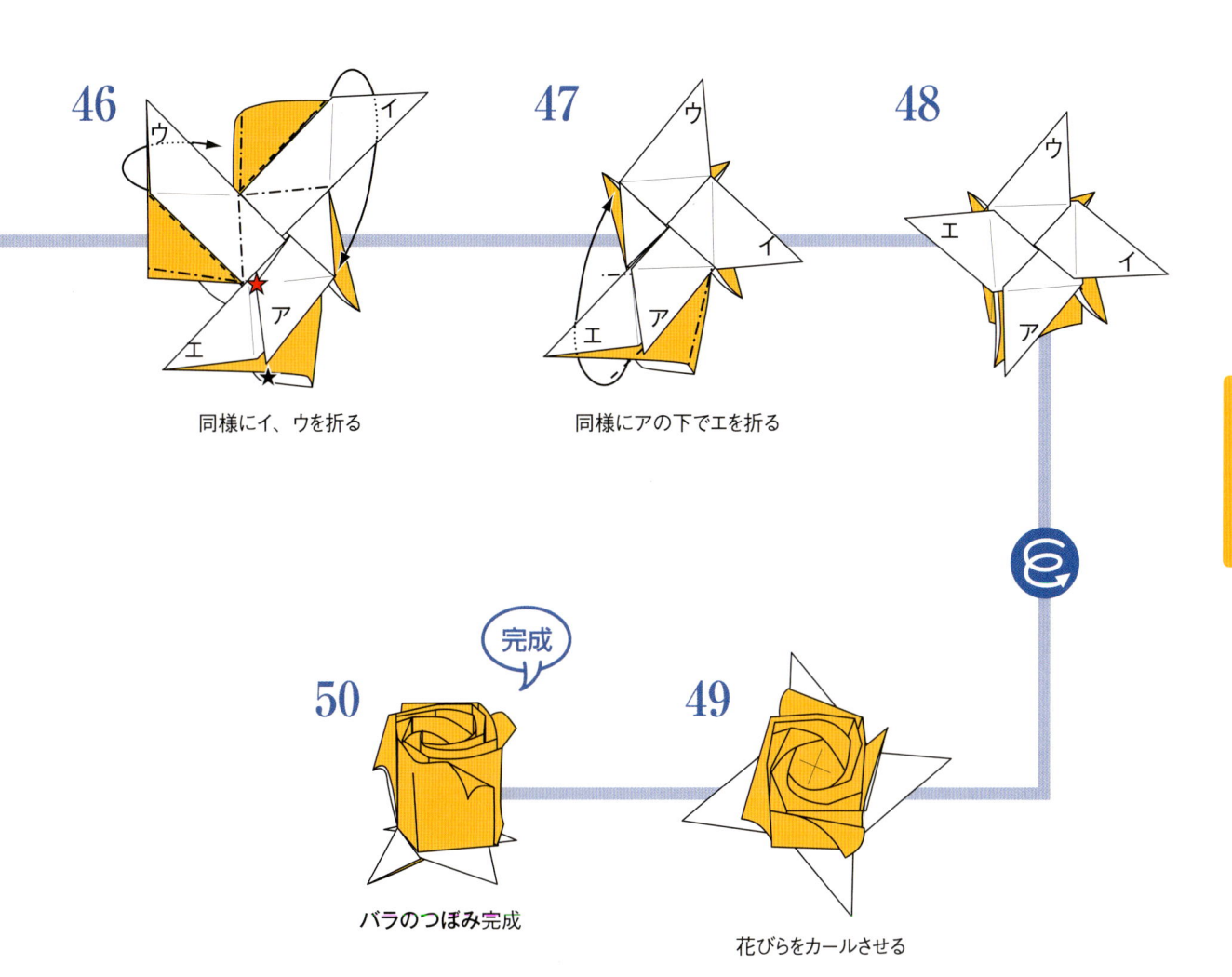

Step▶2　3分ローズを折る

用紙サイズ　15cm～18cm角くらい
用紙の種類　タントや普通の色紙

正方基本形（工程6）を折るところから始めます。

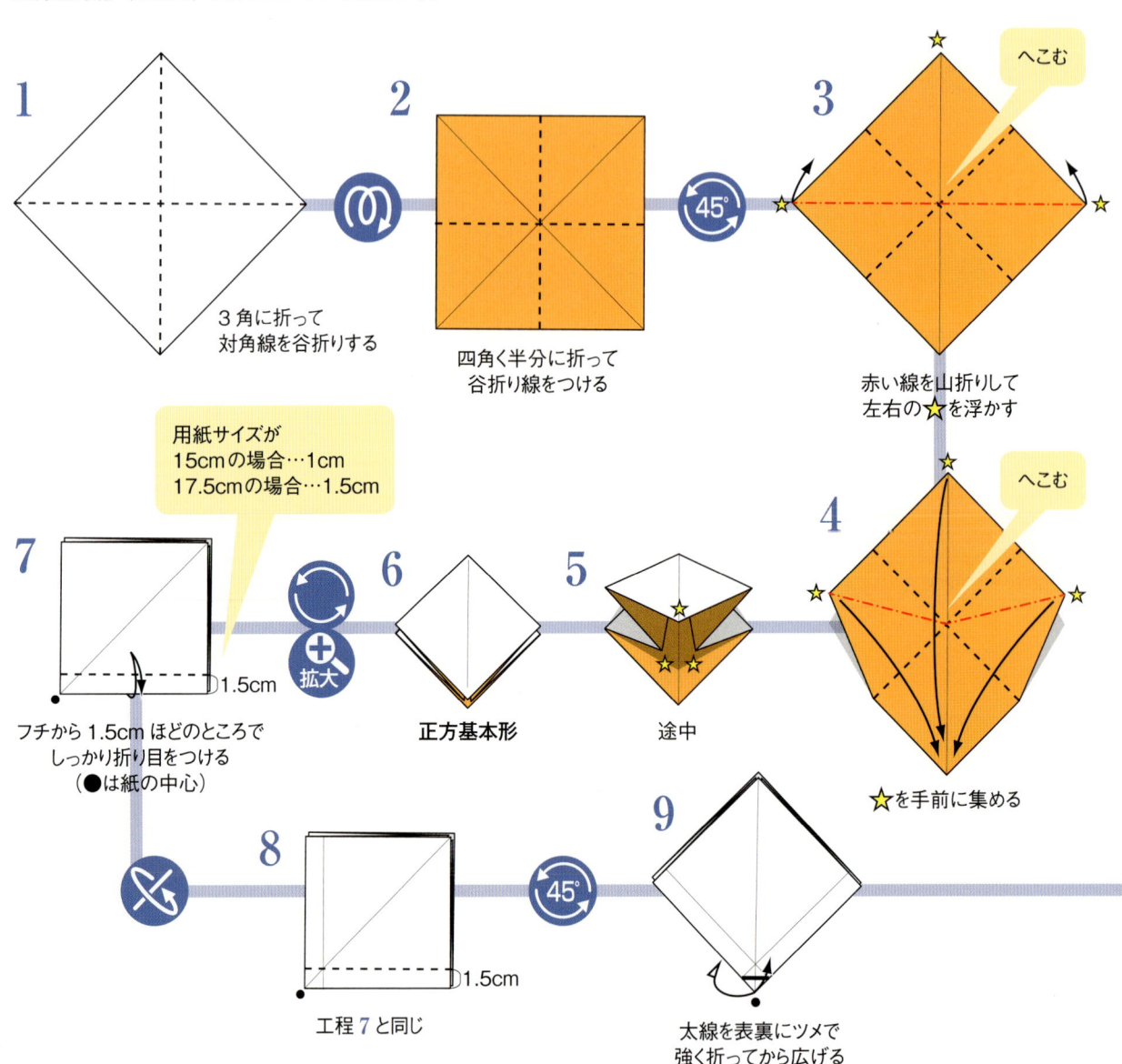

1　3角に折って対角線を谷折りする

2　四角く半分に折って谷折り線をつける

3　赤い線を山折りして左右の☆を浮かす
へこむ

4　☆を手前に集める
へこむ

5　途中

6　正方基本形

7　フチから1.5cmほどのところでしっかり折り目をつける（●は紙の中心）

用紙サイズが
15cmの場合…1cm
17.5cmの場合…1.5cm

8　工程7と同じ

9　太線を表裏にツメで強く折ってから広げる

16
開く

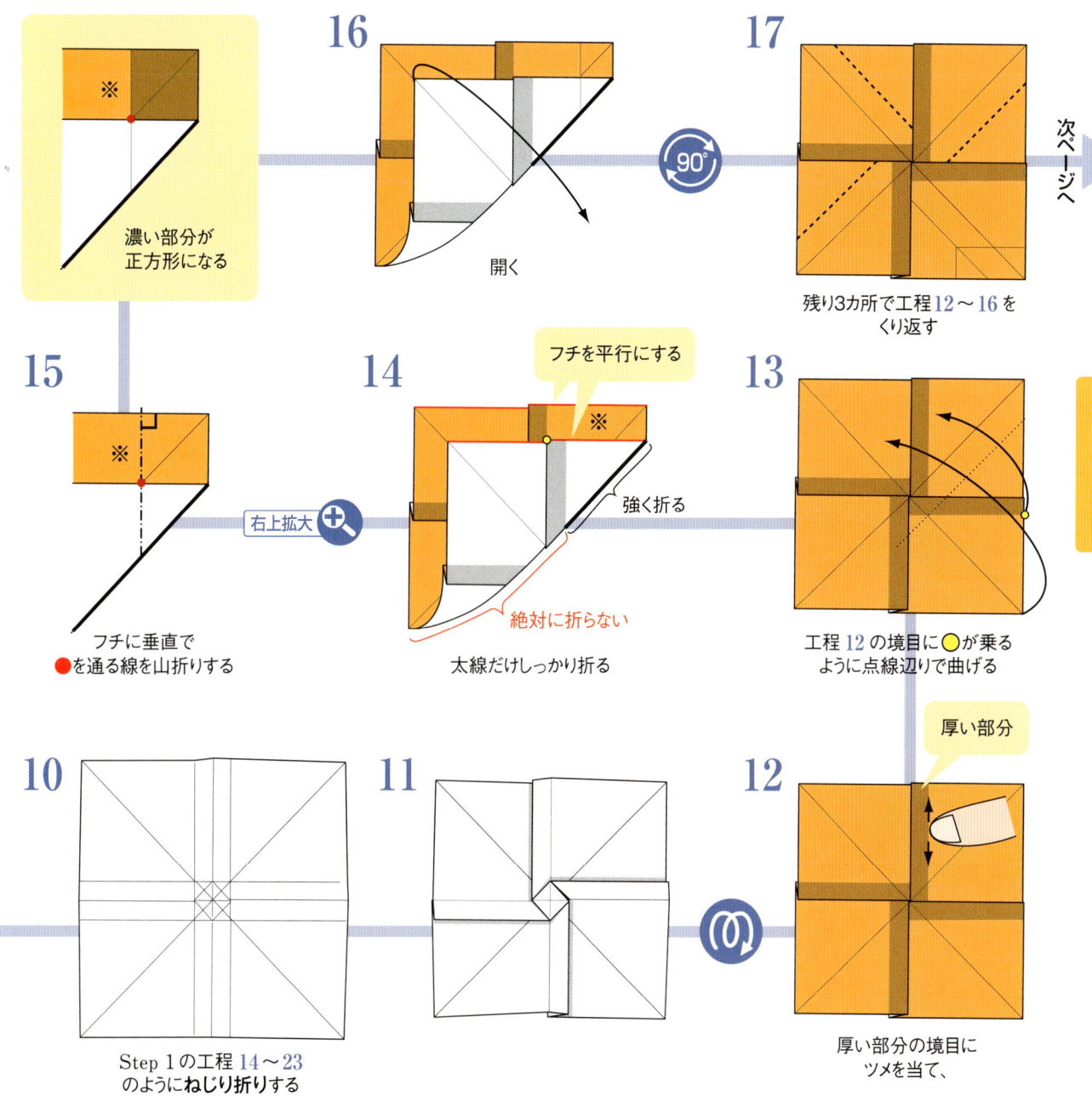

17
残り3カ所で工程12〜16を
くり返す

濃い部分が
正方形になる

15
フチに垂直で
●を通る線を山折りする

14
フチを平行にする
強く折る
絶対に折らない
太線だけしっかり折る

13
工程12の境目に◯が乗る
ように点線辺りで曲げる

10
Step 1の工程14〜23
のようにねじり折りする

11

12
厚い部分
厚い部分の境目に
ツメを当て、

右上拡大

90°

次ページへ

ばらのつぼみ・3分ローズ

45

18
※のヒダの下に指先を入れる

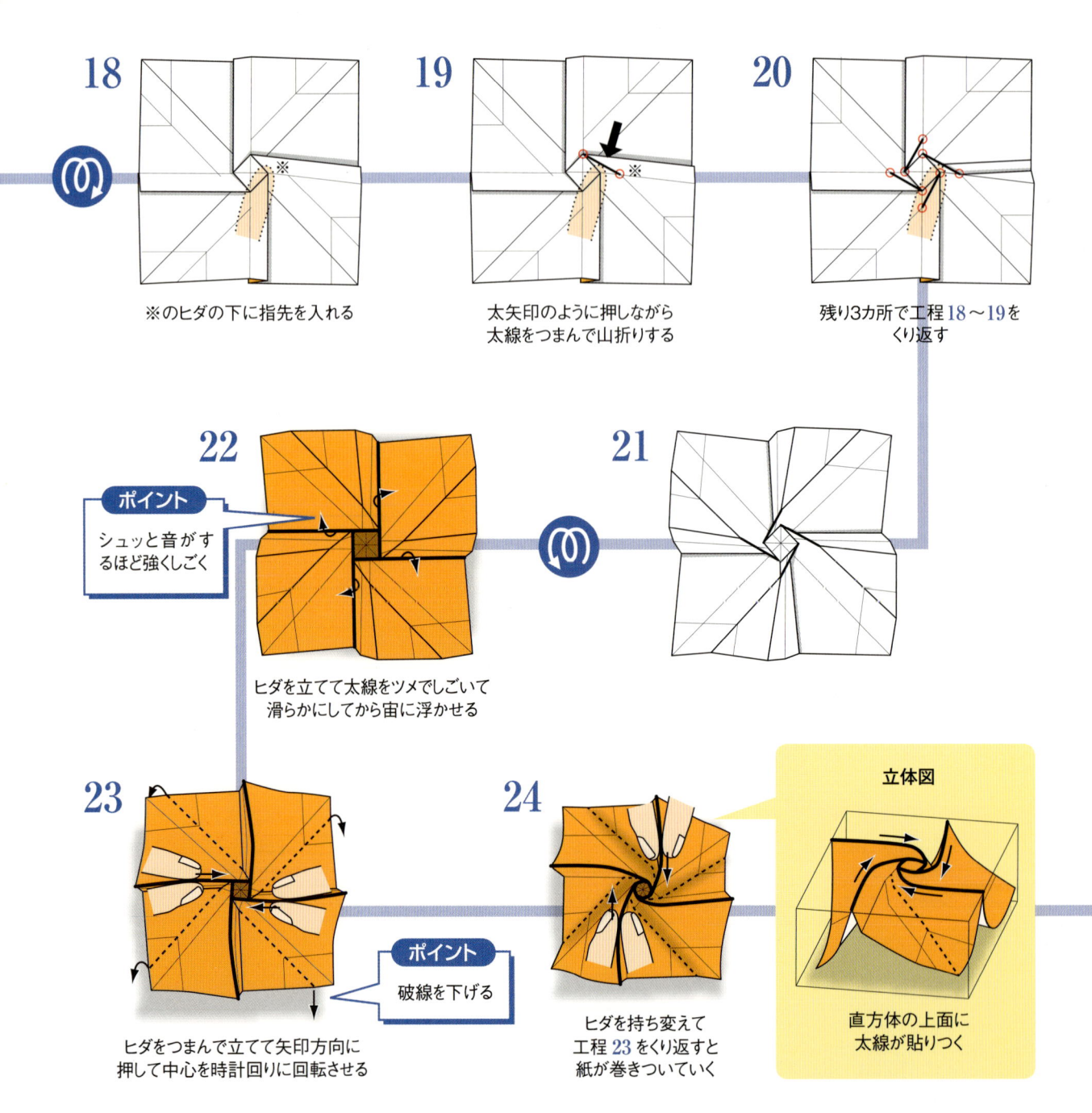

19
太矢印のように押しながら太線をつまんで山折りする

20
残り3カ所で工程18〜19をくり返す

21

22
ポイント
シュッと音がするほど強くしごく

ヒダを立てて太線をツメでしごいて滑らかにしてから宙に浮かせる

23
ヒダをつまんで立てて矢印方向に押して中心を時計回りに回転させる

ポイント
破線を下げる

24
ヒダを持ち変えて工程23をくり返すと紙が巻きついていく

立体図
直方体の上面に太線が貼りつく

30
同じように
BでCを包む

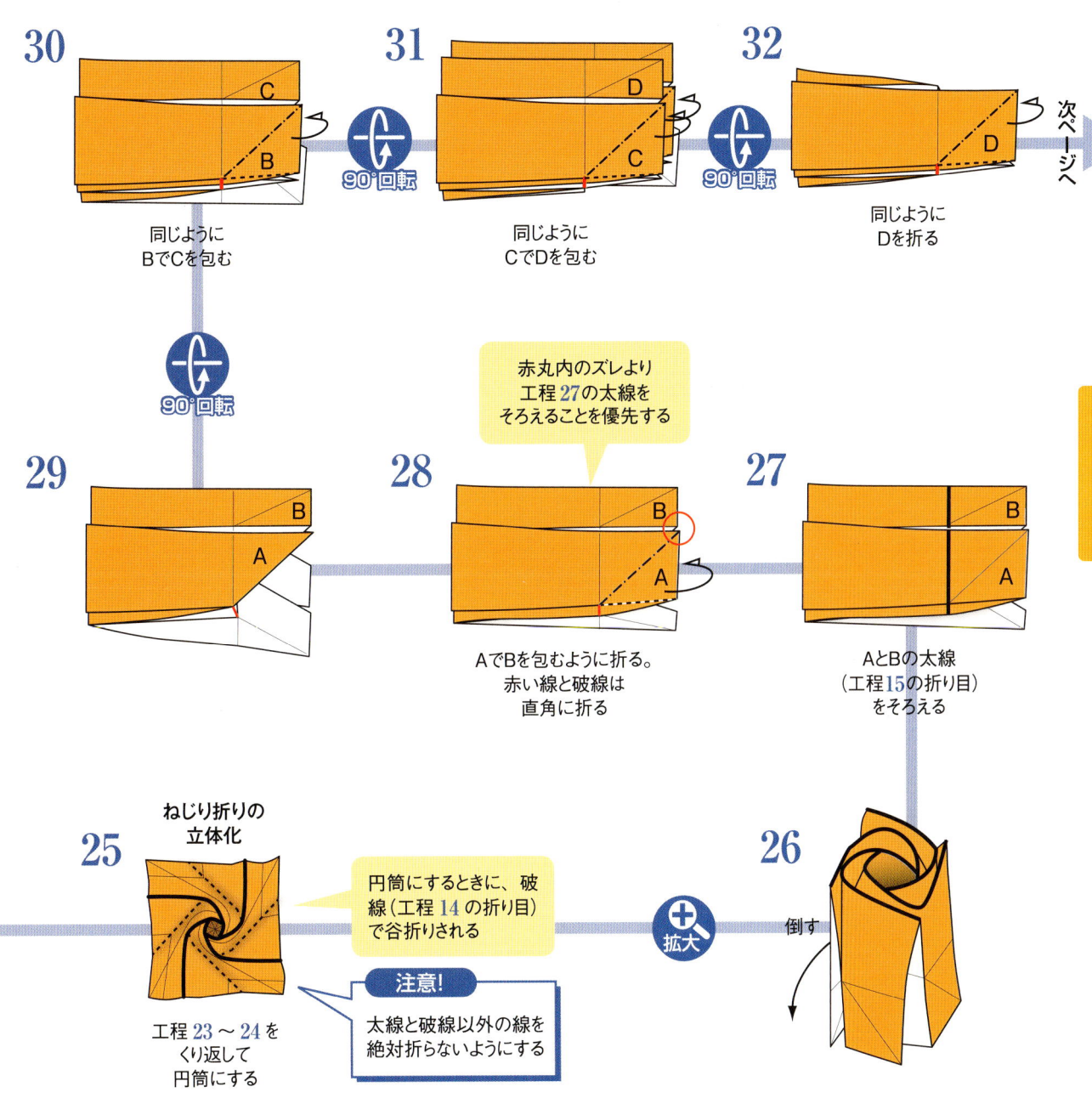

31
同じように
CでDを包む

32
同じように
Dを折る

次ページへ

29

28
AでBを包むように折る。
赤い線と破線は
直角に折る

赤丸内のズレより
工程27の太線を
そろえることを優先する

27
AとBの太線
(工程15の折り目)
をそろえる

ばらのつぼみ・3分ローズ

25
ねじり折りの
立体化

工程23〜24を
くり返して
円筒にする

円筒にするときに、破
線(工程14の折り目)
で谷折りされる

注意!
太線と破線以外の線を
絶対折らないようにする

26
倒す

90°回転

33

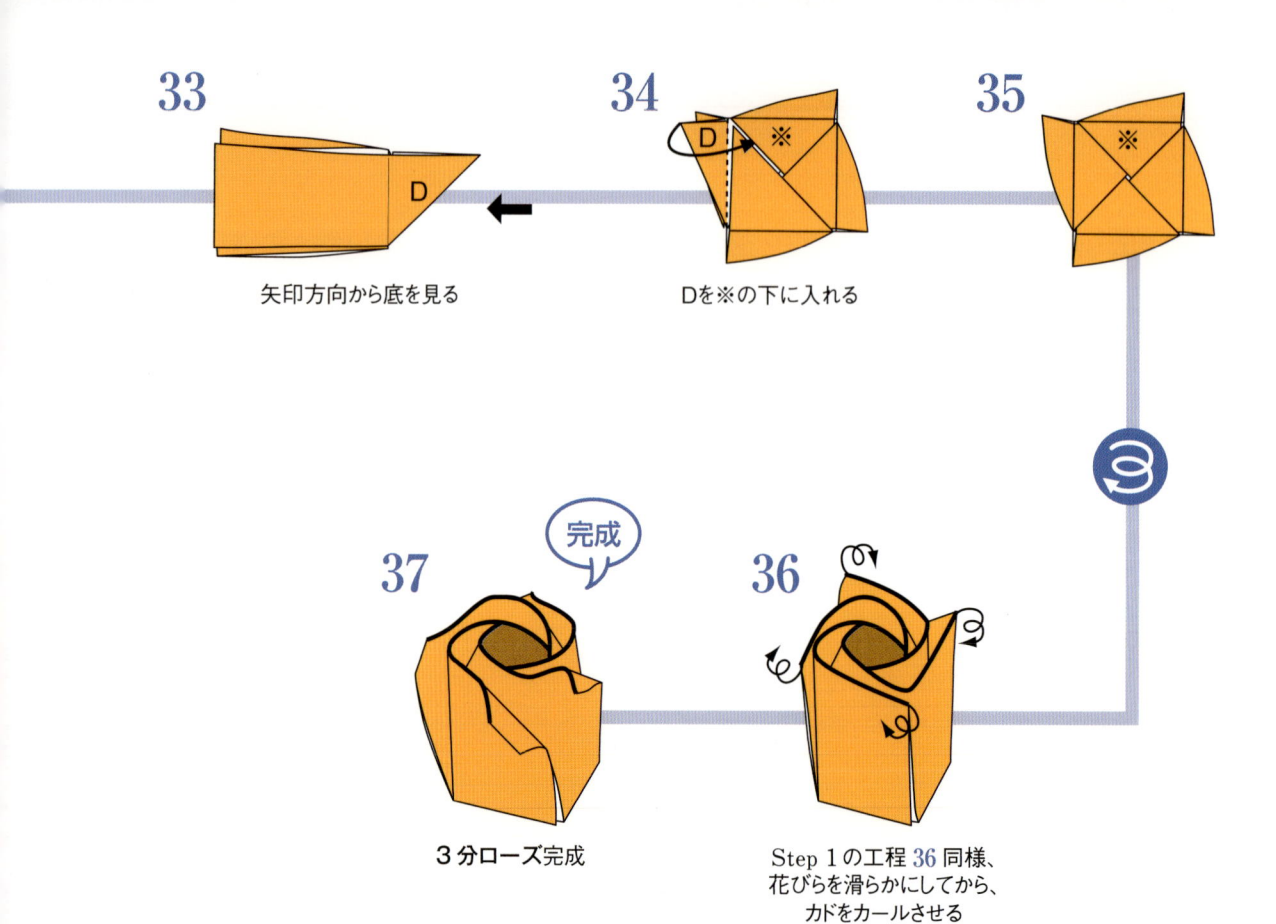

矢印方向から底を見る

34

Dを※の下に入れる

35

36

Step 1の工程 36 同様、花びらを滑らかにしてから、カドをカールさせる

37

完成

3分ローズ完成

1分ローズ

筆者が普段折るのはもっぱらこのばらです。いつも持ち歩くタントという洋紙から相手に好きな色を選んでもらって、目の前でささっと折ってプレゼントすると喜ばれるからです。レストランでシェフやソムリエにプレゼントすると、次からの予約では、「折り紙の川崎です」で通じます。隣のテーブルの客とも仲良くなれます。まさに、名刺代わりの"Kawasaki Rose"です。私は1分で折れるので「1分ローズ」と名づけました。

難易度 ★★

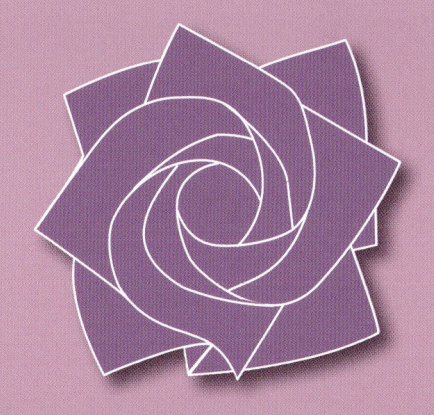

1分ローズ、3分ローズ、ばらの葉っぱ

1分ローズを折る

用紙サイズ 15cm〜18cm角くらい
用紙の種類 タントなど

1 1.5cm 1.5cm
手前のカドを●に合わせて曲げる

用紙サイズが
15cmの場合 …約1cm
17.5cmの場合 …約1.5cm

2 中央部分（太線）だけをつまんで折ってから開く

3

↻ 90°

4 工程 1〜2 と同じ

5 紙を90°回転させながら残り2カ所に折り目をつける

↻ 45°

6 ①の線あたりで裏側に曲げる

間違った折り目
赤い線を折らないように注意する

7 ①をツメではさんでシュッと音がするくらい強く山折りする

8 もどす

次ページへ

1分ローズ

51

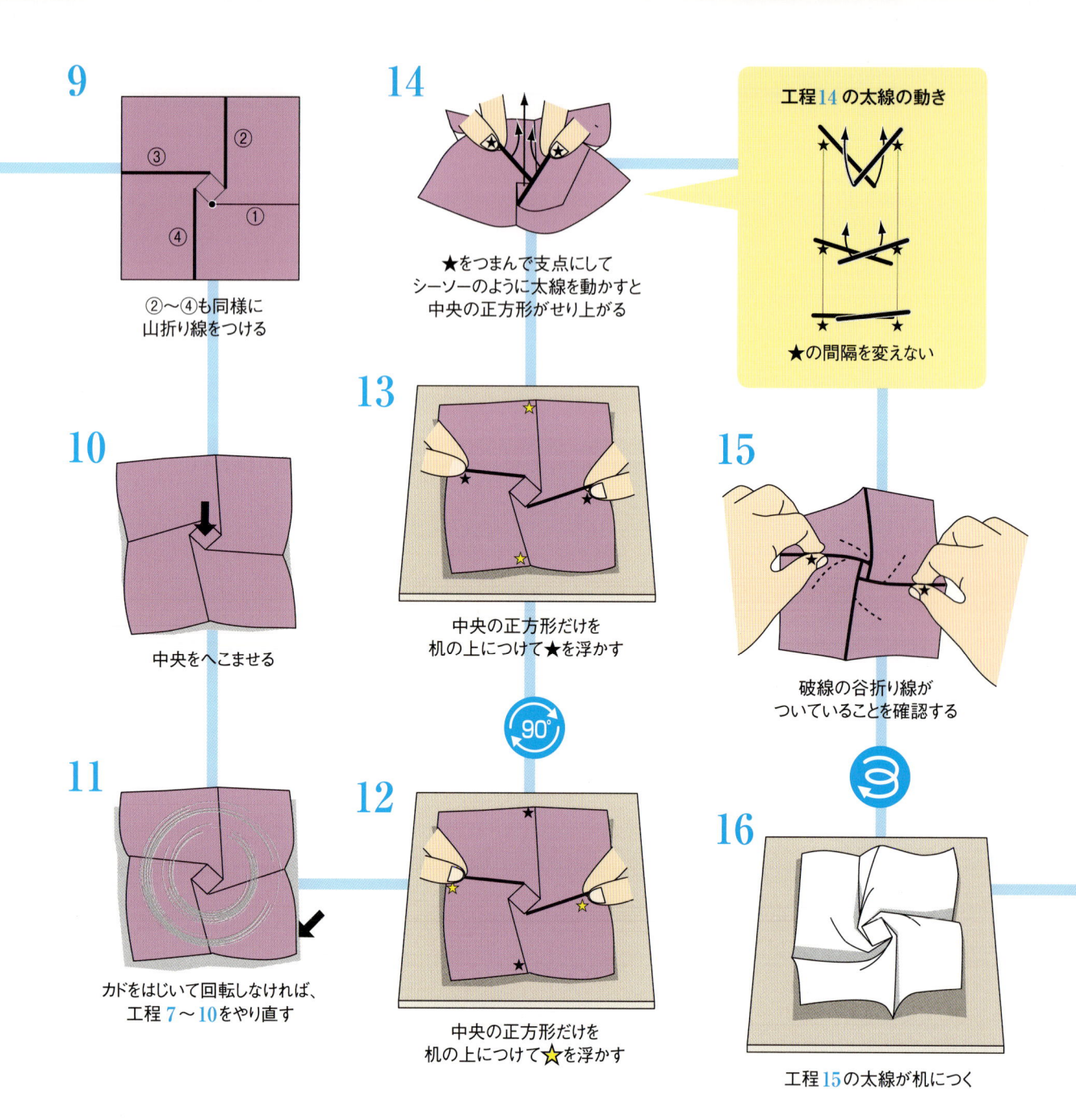

9
②〜④も同様に
山折り線をつける

10
中央をへこませる

11
カドをはじいて回転しなければ、
工程7〜10をやり直す

12
中央の正方形だけを
机の上につけて☆を浮かす

13
中央の正方形だけを
机の上につけて★を浮かす

14
★をつまんで支点にして
シーソーのように太線を動かすと
中央の正方形がせり上がる

工程14の太線の動き

★の間隔を変えない

15
破線の谷折り線が
ついていることを確認する

16
工程15の太線が机につく

18

用紙サイズが
15cmの場合…2cm角くらい
17.5cmの場合…3cm角くらい

ヒダを持ち替えて
工程17同様にして、
四隅が3cm角くらいに
なるまでくり返す

19

太線をツメで滑らかにする

24

約1cm

赤い線をつまんで
約1cm折る

次ページへ

20

23

①と②を重ねたまま
赤丸を中心に矢印方向に
回転させてずらす

1分ローズ

ポイント
中央の正方形が
反時計回りに回転
して山折り線が
赤矢印方向
に延びる

90°横に倒す

手前に少し回す

17

工程15の太線を机につけたまま
ヒダを黒矢印方向に押す

21

図のように持って
折ってはみ出た赤い3角と
白い3角①がほぼ同じ大きさ
になるようにする

22

①②と※の3枚を持つ

53

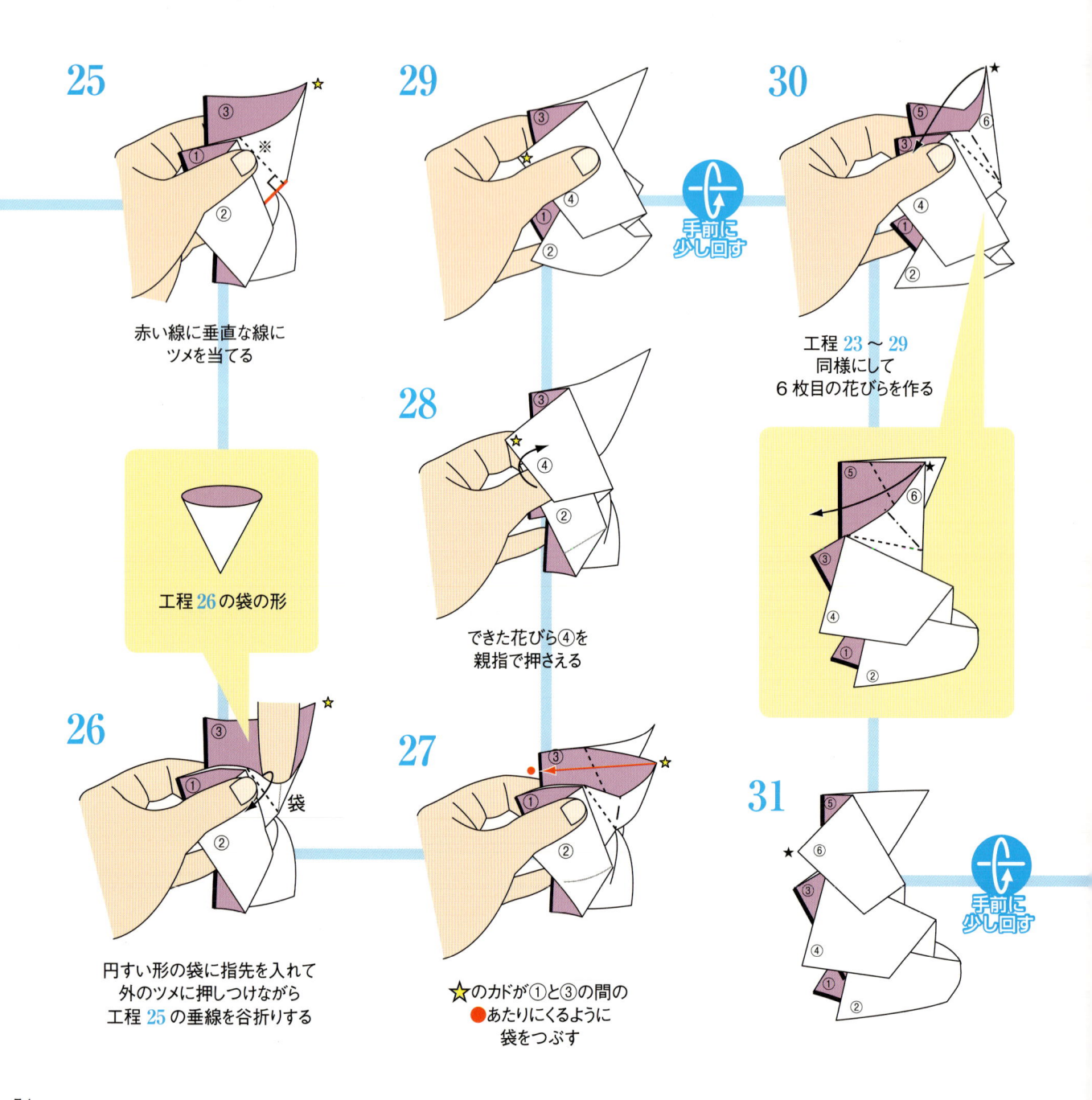

25
赤い線に垂直な線に
ツメを当てる

26
工程26の袋の形

円すい形の袋に指先を入れて
外のツメに押しつけながら
工程25の垂線を谷折りする

27
☆のカドが①と③の間の
●あたりにくるように
袋をつぶす

28
できた花びら④を
親指で押さえる

29
手前に少し回す

30
工程23〜29
同様にして
6枚目の花びらを作る

31
手前に少し回す

54

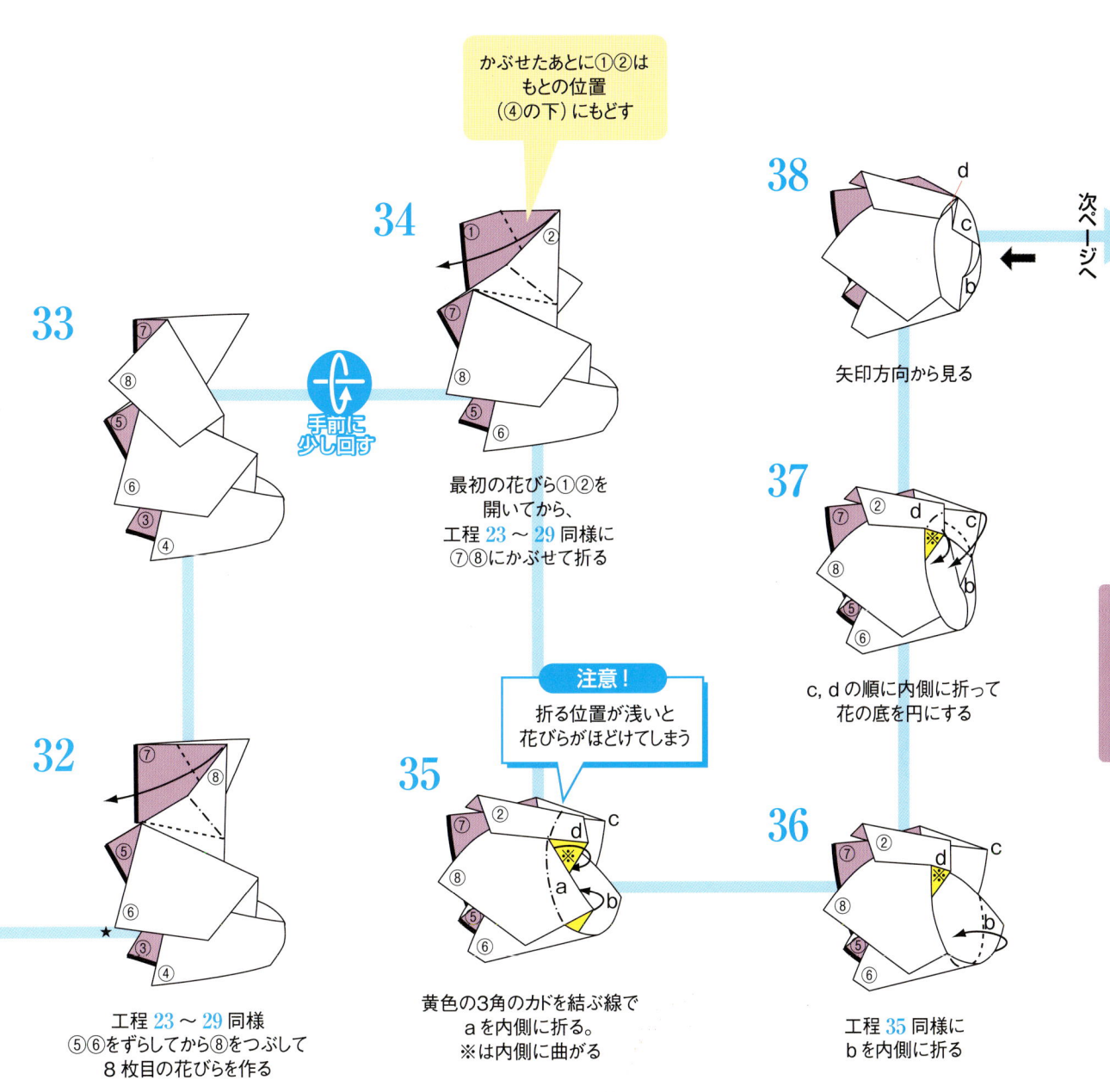

34 かぶせたあとに①②は もとの位置 （④の下）にもどす

38 矢印方向から見る

33

手前に少し回す

最初の花びら①②を開いてから、 工程 23 〜 29 同様に ⑦⑧にかぶせて折る

37 c, d の順に内側に折って 花の底を円にする

1分ローズ

32 工程 23 〜 29 同様 ⑤⑥をずらしてから⑧をつぶして 8 枚目の花びらを作る

35 注意！ 折る位置が浅いと花びらがほどけてしまう

黄色の3角のカドを結ぶ線で a を内側に折る。 ※は内側に曲がる

36 工程 35 同様に b を内側に折る

39

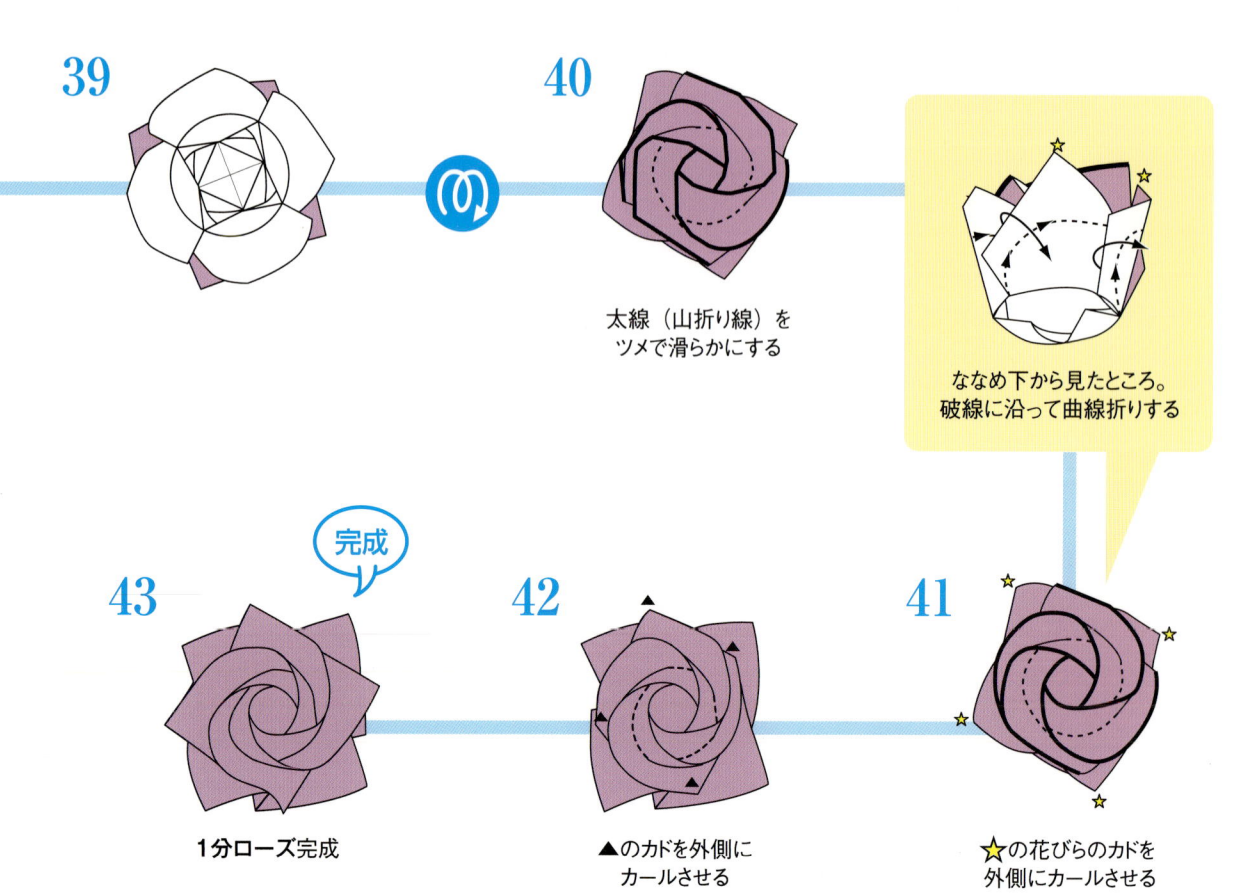

40

太線（山折り線）を
ツメで滑らかにする

ななめ下から見たところ。
破線に沿って曲線折りする

41

☆の花びらのカドを
外側にカールさせる

42

▲のカドを外側に
カールさせる

43 完成

1分ローズ完成

56

薔薇
ばら

実物に一番近いばらです。特殊な折り技法を駆使するので、「ばらのつぼみ」（37ページ）を折ってこの技法を習得してからチャレンジしてください。花びらをたくさん折りだすために細かい格子の折り目をつけます。たくさん折って小さくなるので、まず市販の24cm以上の大きい紙で練習してから付録の薄い紙で折ってください。ななめにつける格子の折り目を正確にしっかりつけるのがきれいに仕上げるコツです。

難易度 ★★★

薔薇、ばらの葉っぱ

薔薇を折る

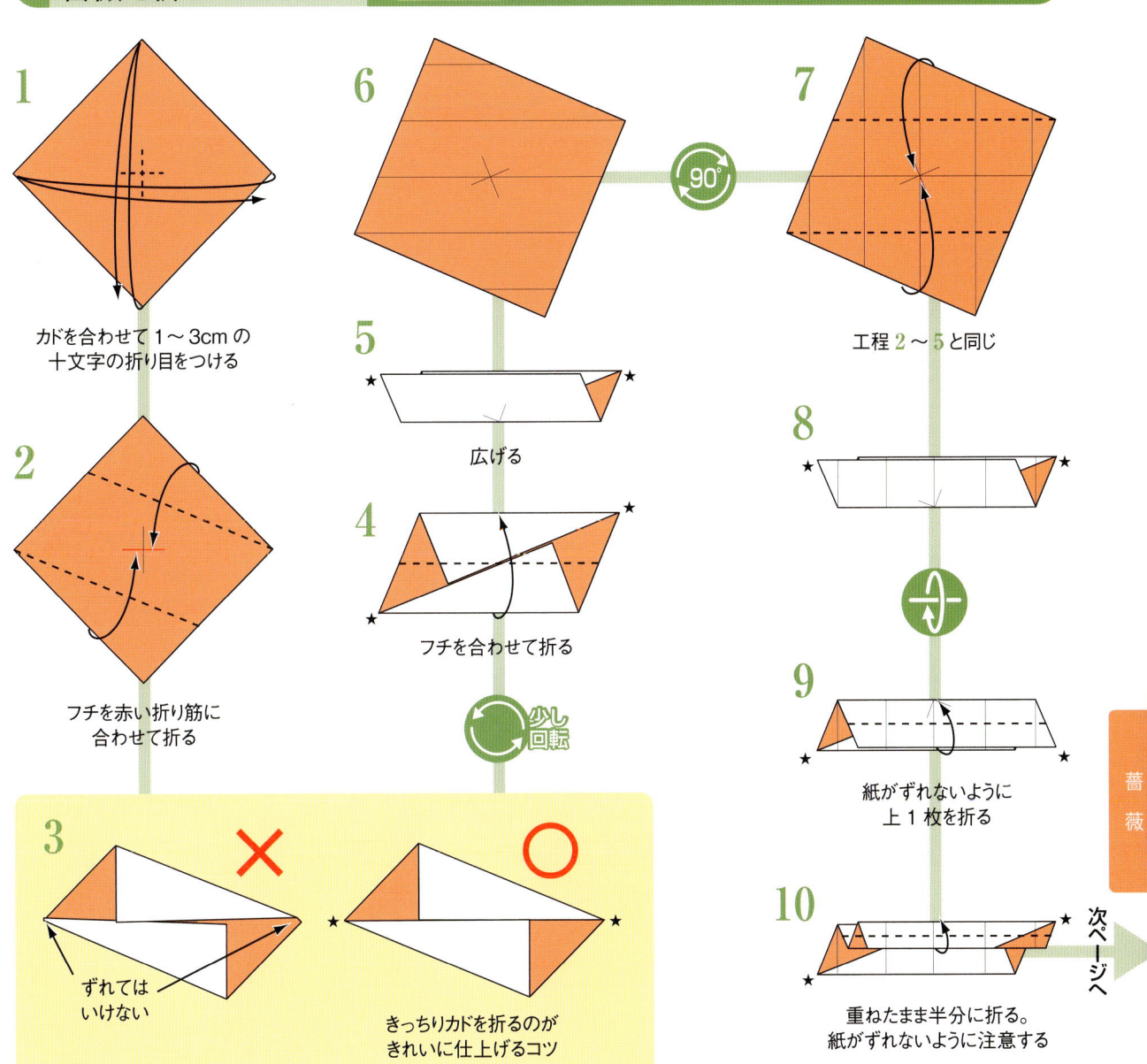

用紙サイズ	17.5〜24cm角くらい
用紙の種類	両面同色折り紙や和紙

1
カドを合わせて1〜3cmの十文字の折り目をつける

2
フチを赤い折り筋に合わせて折る

3
× ずれてはいけない

○ きっちりカドを折るのがきれいに仕上げるコツ

4
フチを合わせて折る

少し回転

5
広げる

6
90°

7
工程2〜5と同じ

8

9
紙がずれないように上1枚を折る

10
重ねたまま半分に折る。紙がずれないように注意する

次ページへ

薔薇

59

11 広げて工程9にもどす

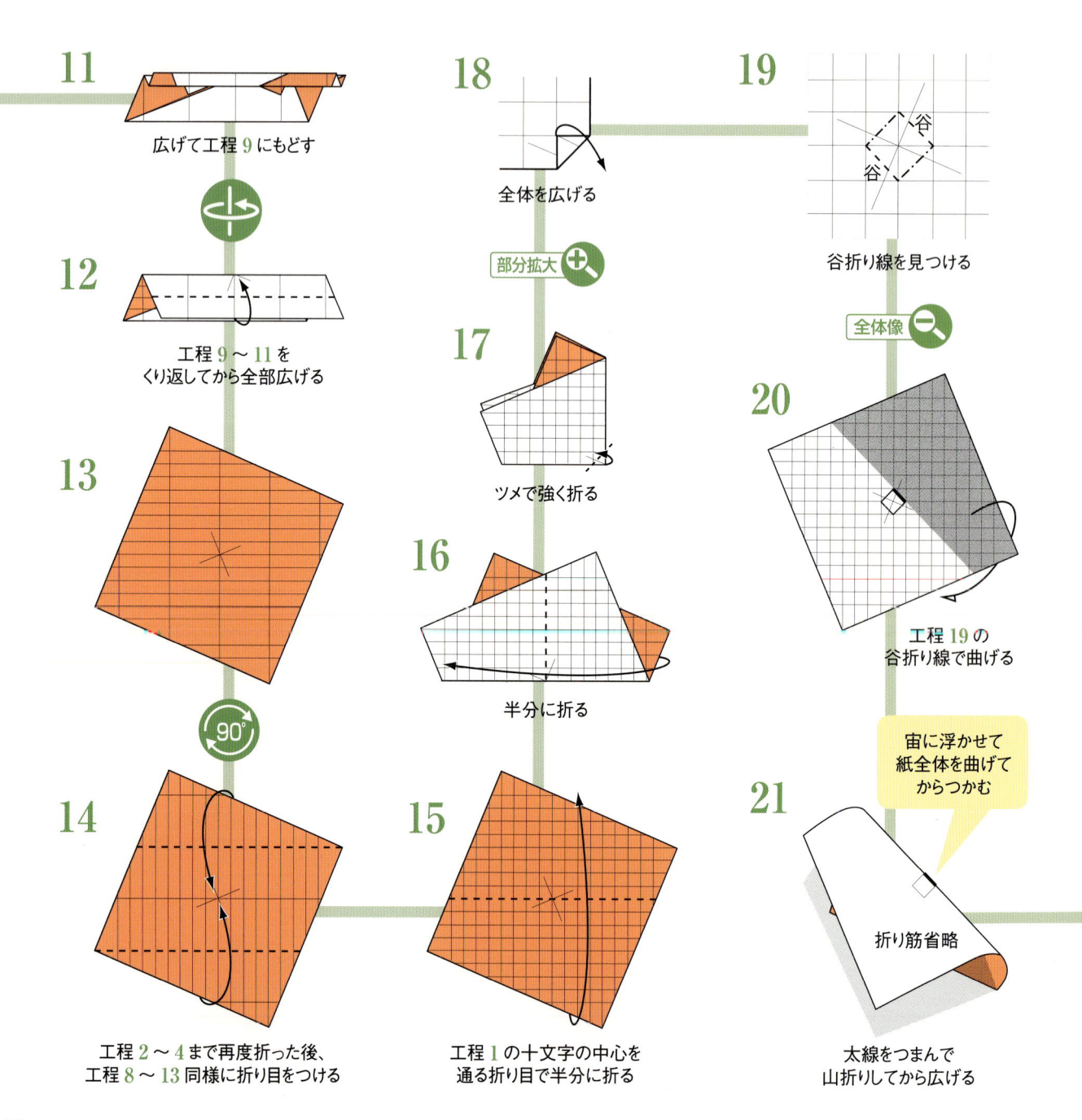

12 工程9〜11をくり返してから全部広げる

13

14 工程2〜4まで再度折った後、工程8〜13同様に折り目をつける

15 工程1の十文字の中心を通る折り目で半分に折る

16 半分に折る

17 ツメで強く折る

18 全体を広げる

部分拡大

19 谷折り線を見つける

全体像

20 工程19の谷折り線で曲げる

宙に浮かせて紙全体を曲げてからつかむ

21 折り筋省略

太線をつまんで山折りしてから広げる

60

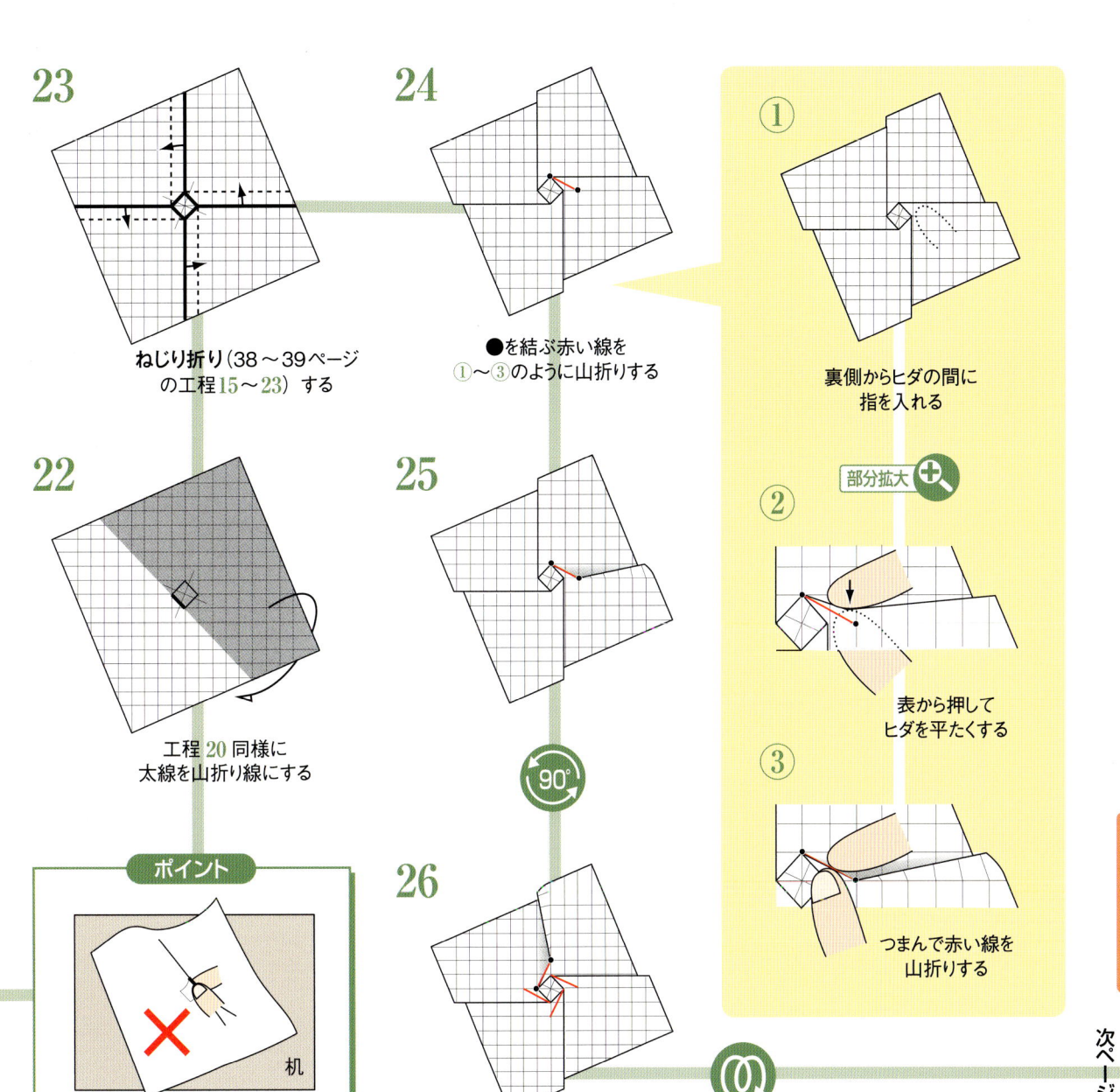

23
ねじり折り（38〜39ページの工程15〜23）する

22
工程20同様に太線を山折り線にする

ポイント
机の上に置いて皮膚をつまむようにしない

24
●を結ぶ赤い線を①〜③のように山折りする

25
（90°）

26
残る3カ所も同様に山折りする

① 裏側からヒダの間に指を入れる

部分拡大

② 表から押してヒダを平たくする

③ つまんで赤い線を山折りする

次ページへ

薔薇

61

27

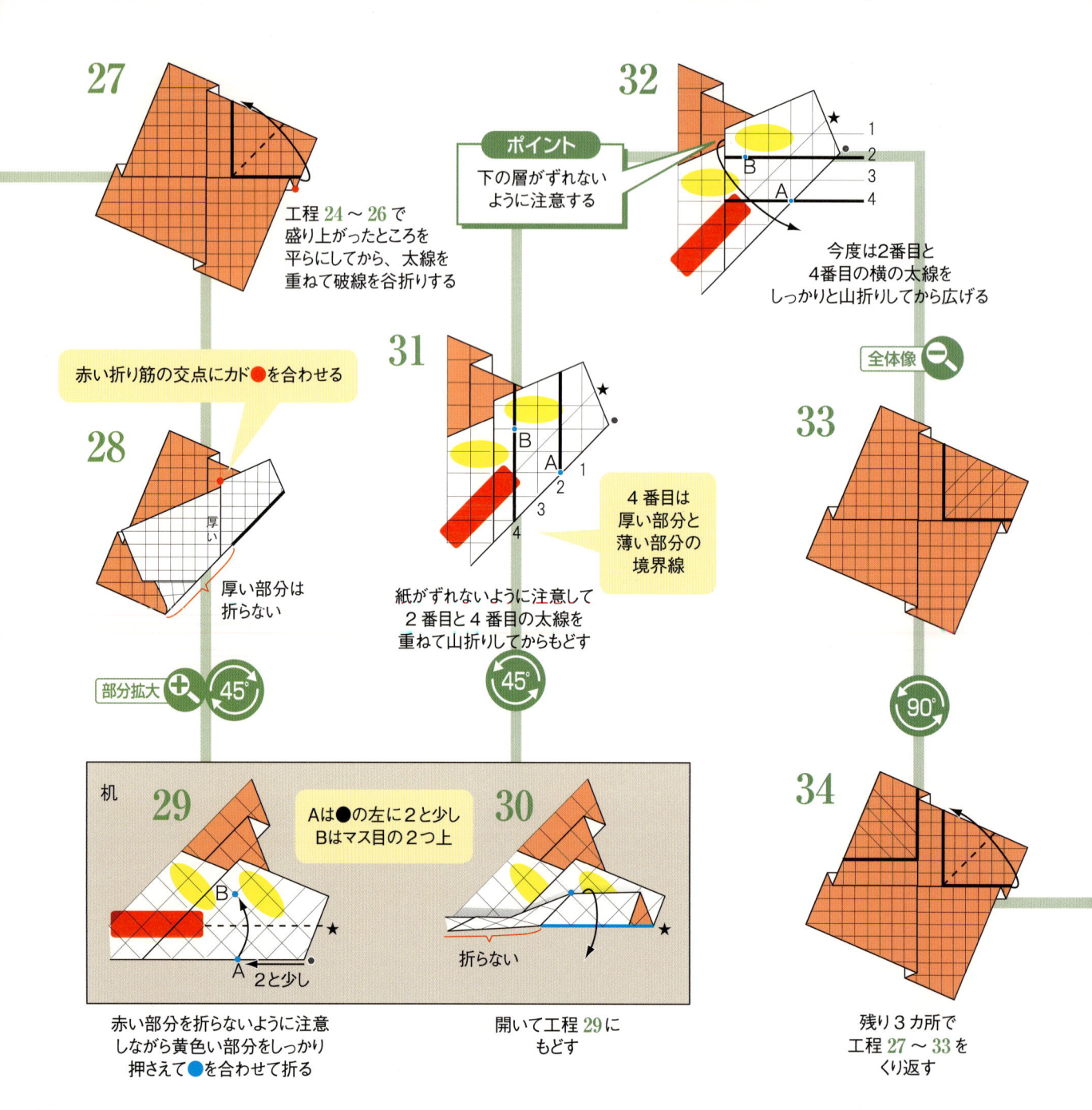

工程 24～26 で盛り上がったところを平らにしてから、太線を重ねて破線を谷折りする

32

ポイント 下の層がずれないように注意する

今度は2番目と4番目の横の太線をしっかりと山折りしてから広げる

赤い折り筋の交点にカド●を合わせる

28

厚い部分は折らない

厚い

31

4番目は厚い部分と薄い部分の境界線

紙がずれないように注意して2番目と4番目の太線を重ねて山折りしてからもどす

全体像

33

部分拡大 45°　　45°　　90°

29 机

Aは●の左に2と少しBはマス目の2つ上

2と少し

赤い部分を折らないように注意しながら黄色い部分をしっかり押さえて●を合わせて折る

30

折らない

開いて工程 29 にもどす

34

残り3ヵ所で工程 27～33 をくり返す

62

37

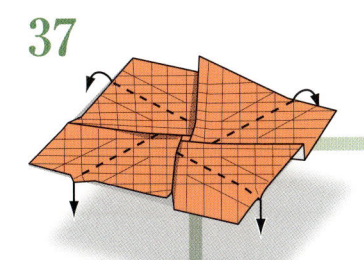

ばらのつぼみ（37ページ）同様に
ヒダを立てながら
破線を谷折りして立体にして
巻きつけていく

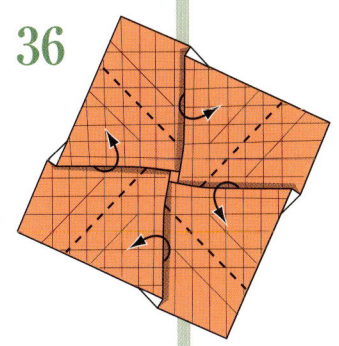

36

ヒダを立てる

35

ヒダを立てる

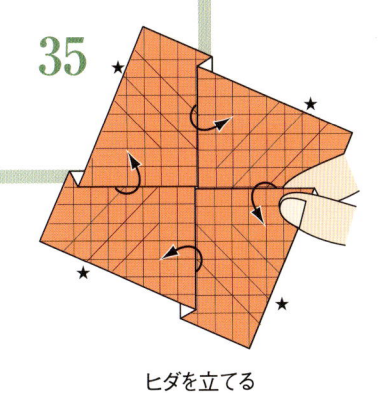

工程 38 の形に
できないときは
ばらのつぼみの工程 31〜34
（40ページ）で練習する

38

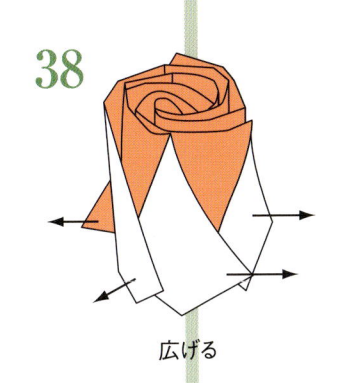

広げる

39

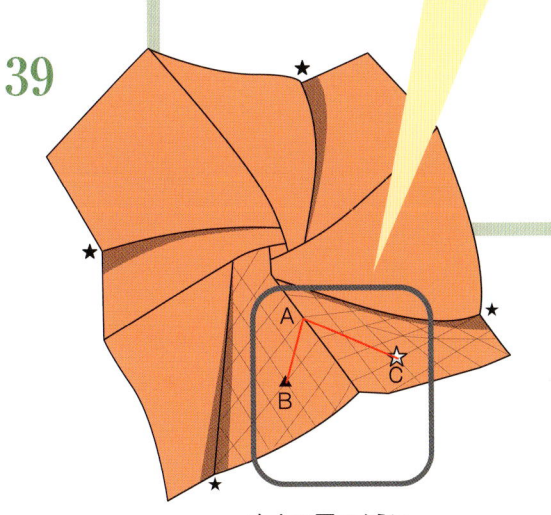

右上の図のように
マス目を数えて
A，B，Cの位置を決める

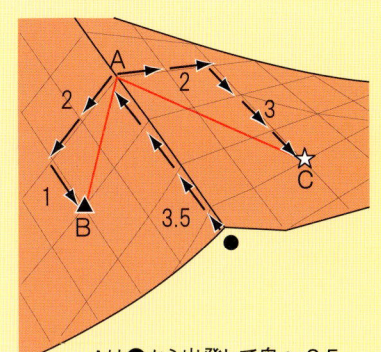

Aは●から出発して奥へ 3.5、
BはAから左へ 2 手前に 1、
Cは右へ 2 手前に 3 の位置

次ページへ

薔薇

40

赤い線以外は折らない

赤い線をつまんで山折りする

41

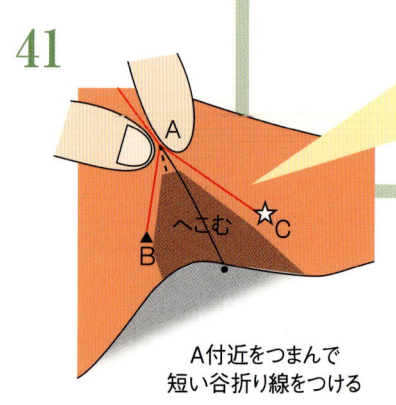

A付近をつまんで短い谷折り線をつける

工程41の練習

工程41の短い谷折り線は工程④でついているcと同じ。

① 自由に3本の線を引いて山折り線を1本ずつつける

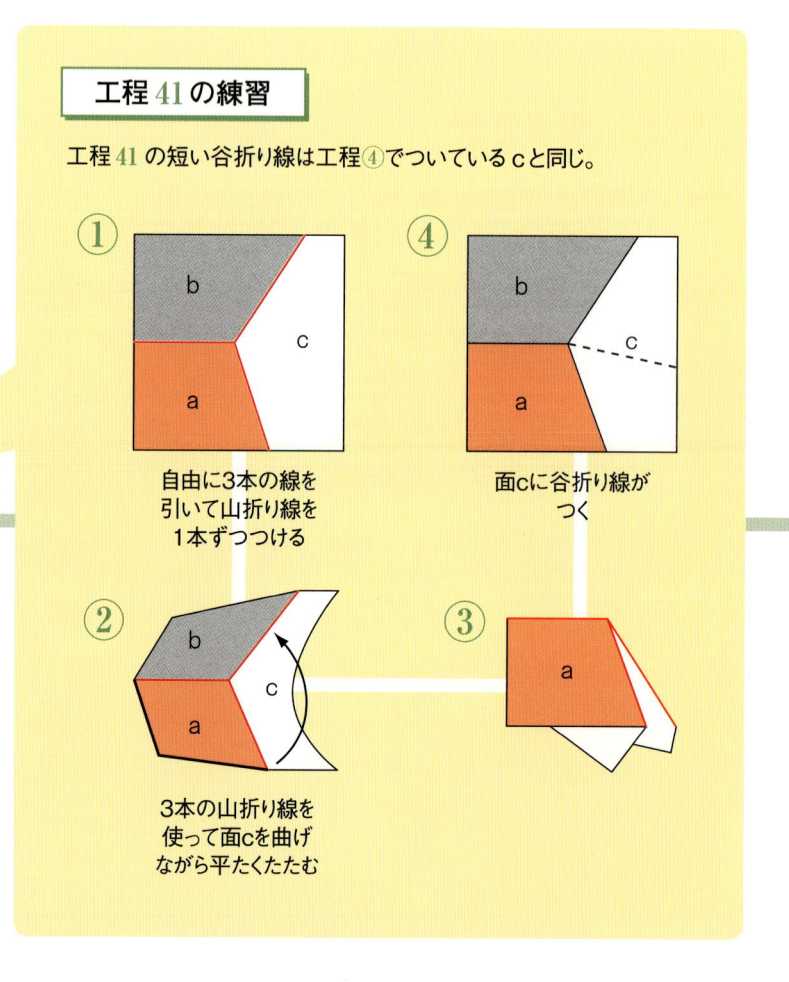

② 3本の山折り線を使って面cを曲げながら平たくたたむ

③

④ 面cに谷折り線がつく

部分拡大

64

工程42～46の練習

工程42～46は、花びらを増やす重要な工程です。

① 半分に折る

② ななめに折る

③ ※を押さえて▲から延びる線で折り返す

④ 工程②にもどす
▲はへこむ

⑤ カドを押し込みながら折りたたむ

⑥ 開く

⑦ ●を持ち上げて濃い部分を押し上げながら折りたたむ
ポイント：▲と△をへこませる

⑧ へこんでいる▲を押し出す

⑨ ▲は出っ張っている

次ページへ

薔薇

42

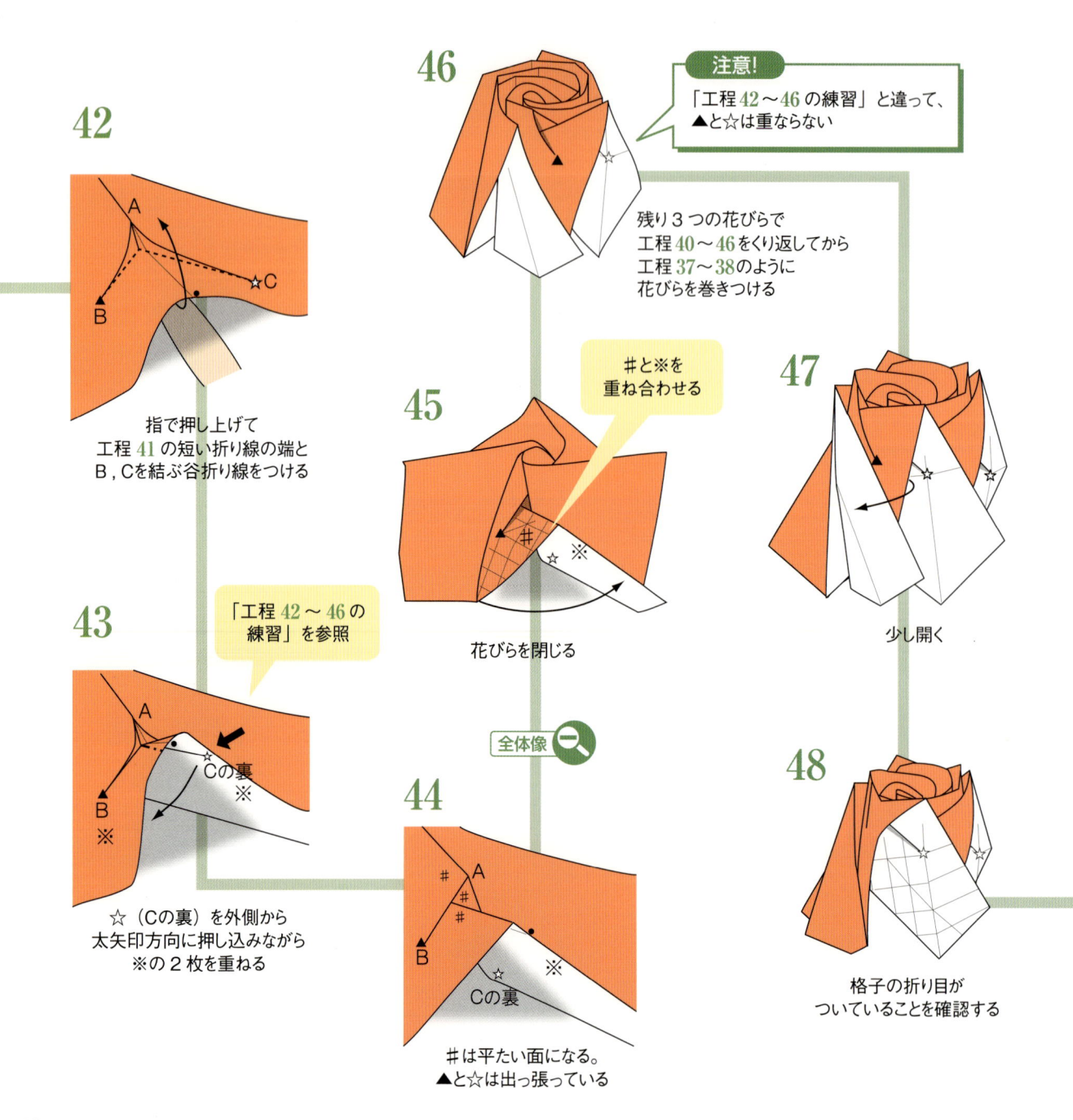

指で押し上げて
工程 41 の短い折り線の端と
B，C を結ぶ谷折り線をつける

43

「工程 42～46 の
練習」を参照

☆（C の裏）を外側から
太矢印方向に押し込みながら
※の 2 枚を重ねる

44

♯は平たい面になる。
▲と☆は出っ張っている

45

♯と※を
重ね合わせる

花びらを閉じる

全体像

46

注意！
「工程 42～46 の練習」と違って、
▲と☆は重ならない

残り 3 つの花びらで
工程 40～46 をくり返してから
工程 37～38 のように
花びらを巻きつける

47

少し開く

48

格子の折り目が
ついていることを確認する

工程 49 の練習

① 裏側に折る

② 太線を直角に山折りする

③ 赤い線を合わせて濃い正方形を破線で半分に折る

④ 途中

⑤ サイコロのカド / 開く

⑥

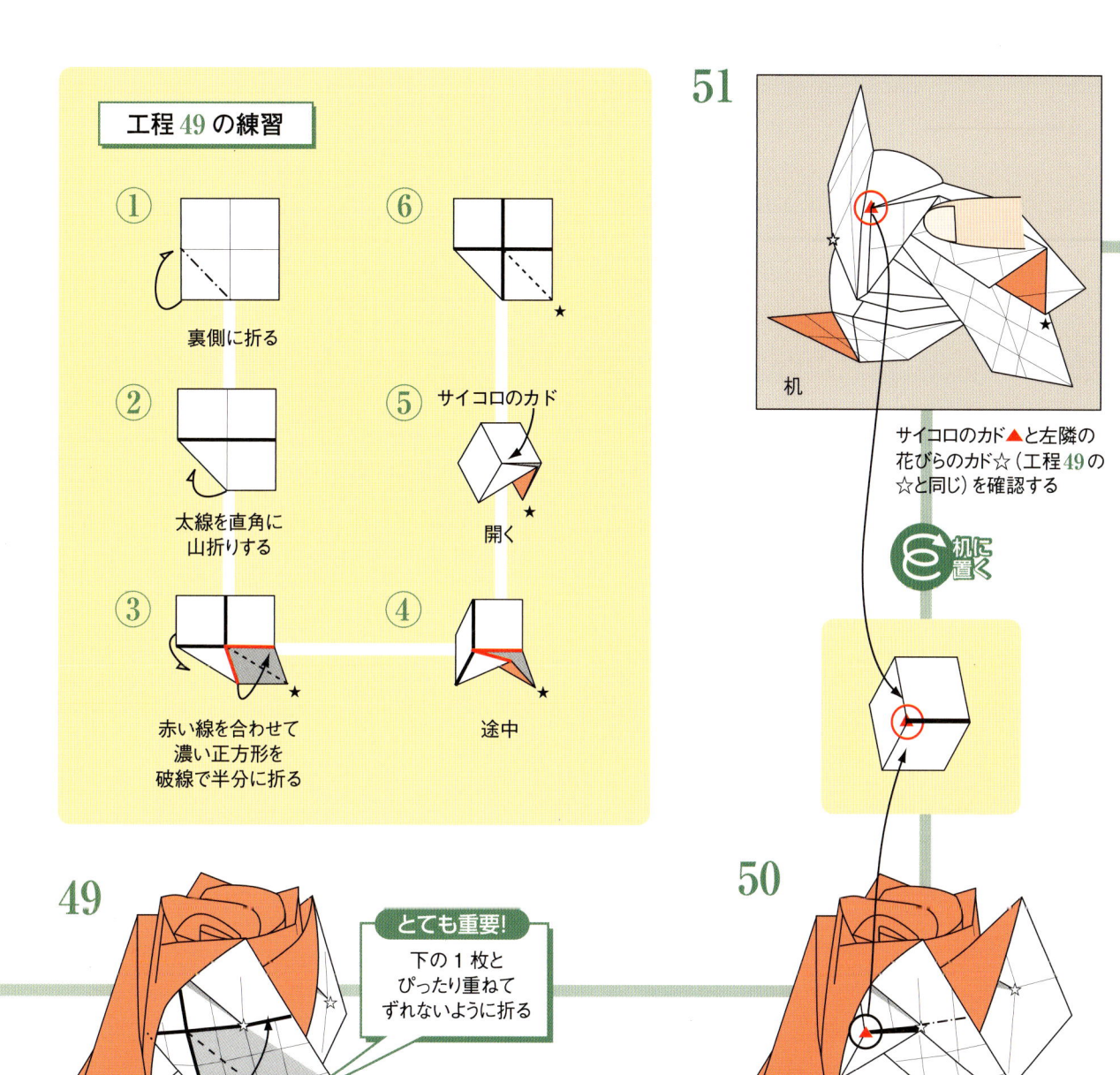

49

とても重要!
下の1枚とぴったり重ねてずれないように折る

「工程49の練習」のように濃い部分を半分に折ってサイコロのカドを作る

50

51

机

サイコロのカド▲と左隣の花びらのカド☆(工程49の☆と同じ)を確認する

机に置く

次ページへ

薔薇

52

工程49と同じ折り

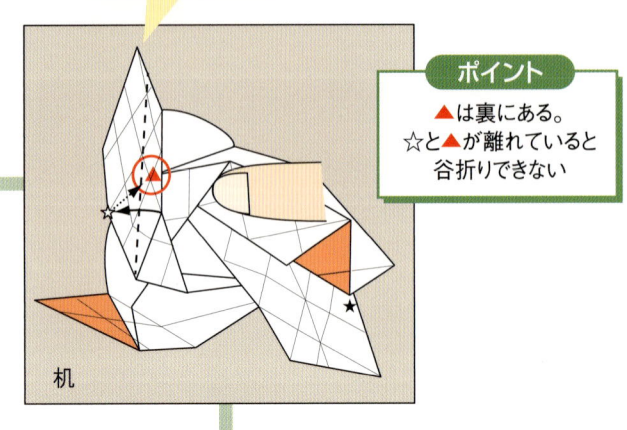

ポイント
▲は裏にある。
☆と▲が離れていると
谷折りできない

机

☆のカドを▲のカドに押しつけてから
2枚重ねて破線を谷折りする

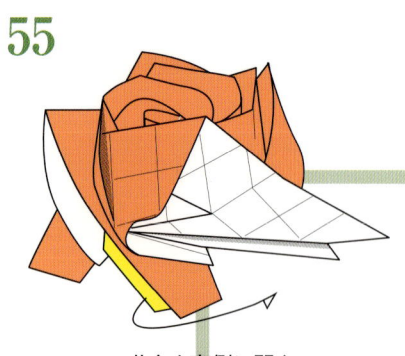

55

黄色を裏側に開く

宙に浮かす

53

サイコロのカド

工程49と
同じ折り

机

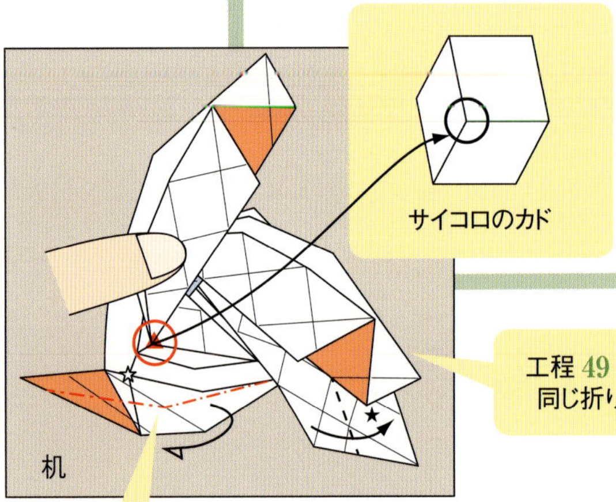

残り2カ所も
工程52と同様に折る

内側から見ているので
山折りになる

54

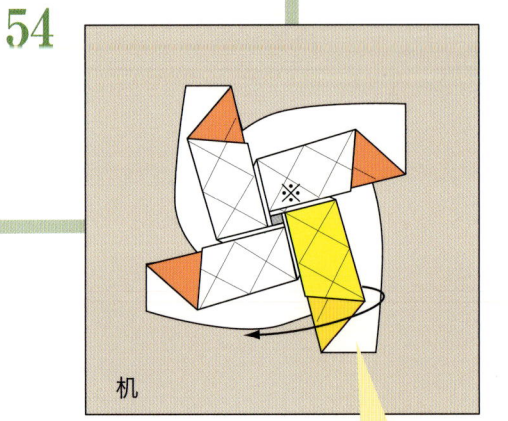

机

黄色く表示した
部分をめくる

工程53で
折ったところを
※の下で開く

56

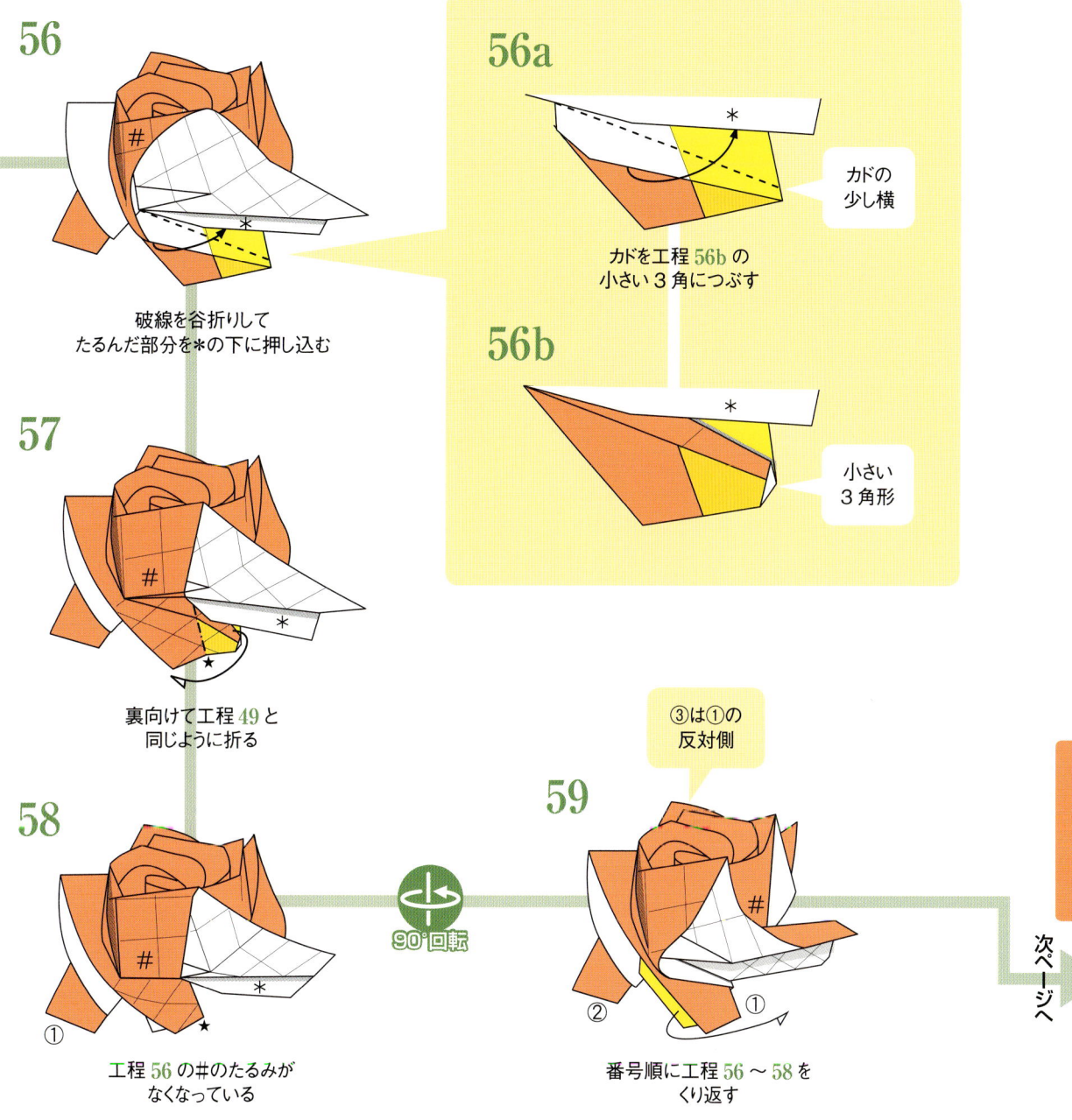

破線を谷折りして
たるんだ部分を*の下に押し込む

56a

カドの少し横

カドを工程56bの
小さい3角につぶす

56b

小さい
3角形

57

裏向けて工程49と
同じように折る

58

工程56の#のたるみが
なくなっている

59

③は①の反対側

番号順に工程56〜58を
くり返す

90°回転

次ページへ

薔薇

60

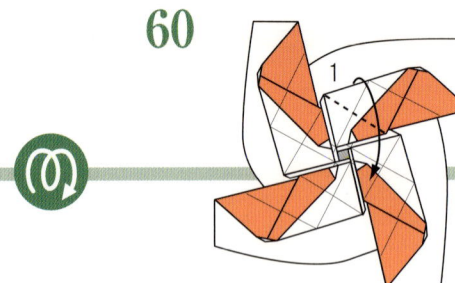

立体かぶせ折りする

61

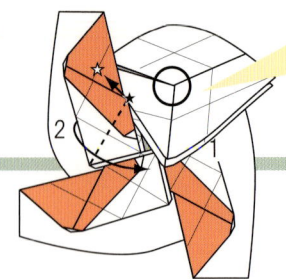

「工程60の練習」と同じサイコロのカド

うしろのカド（☆あたり）まで
★を引っ張ってから
立体かぶせ折りする

工程60（立体かぶせ折り）の練習

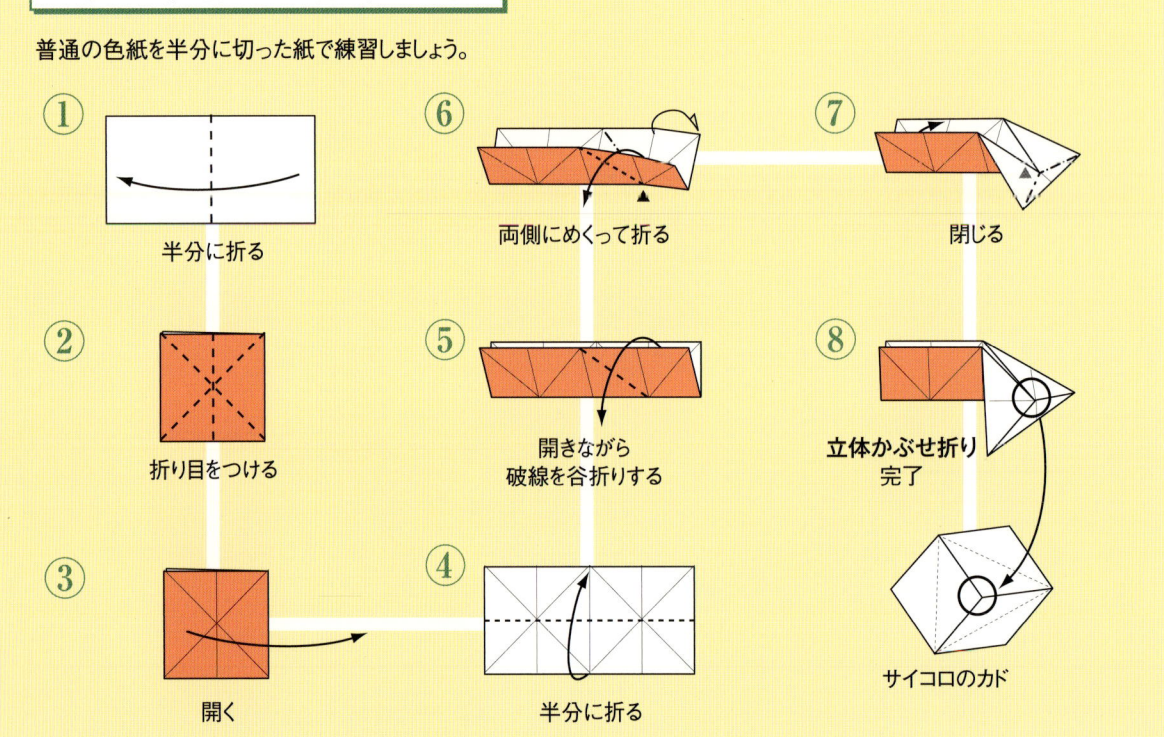

普通の色紙を半分に切った紙で練習しましょう。

① 半分に折る

② 折り目をつける

③ 開く

④ 半分に折る

⑤ 開きながら破線を谷折りする

⑥ 両側にめくって折る

⑦ 閉じる

⑧ **立体かぶせ折り完了**

サイコロのカド

62
同じように
立体かぶせ折りする

63
※の下で
立体かぶせ折りする

64
底のカドを矢印方向に引っ張って
太線をつまみながら直角に山折りし、
底を正方形にまとめる

65
太線に沿って爪楊枝を入れて
奥まで山折りする
（残り3カ所も同じ）

66
曲線で折りながら
外側の花びらをカールさせる

67
中間の花びらを
カールさせる

68
内側の花びらは
少し曲げる程度

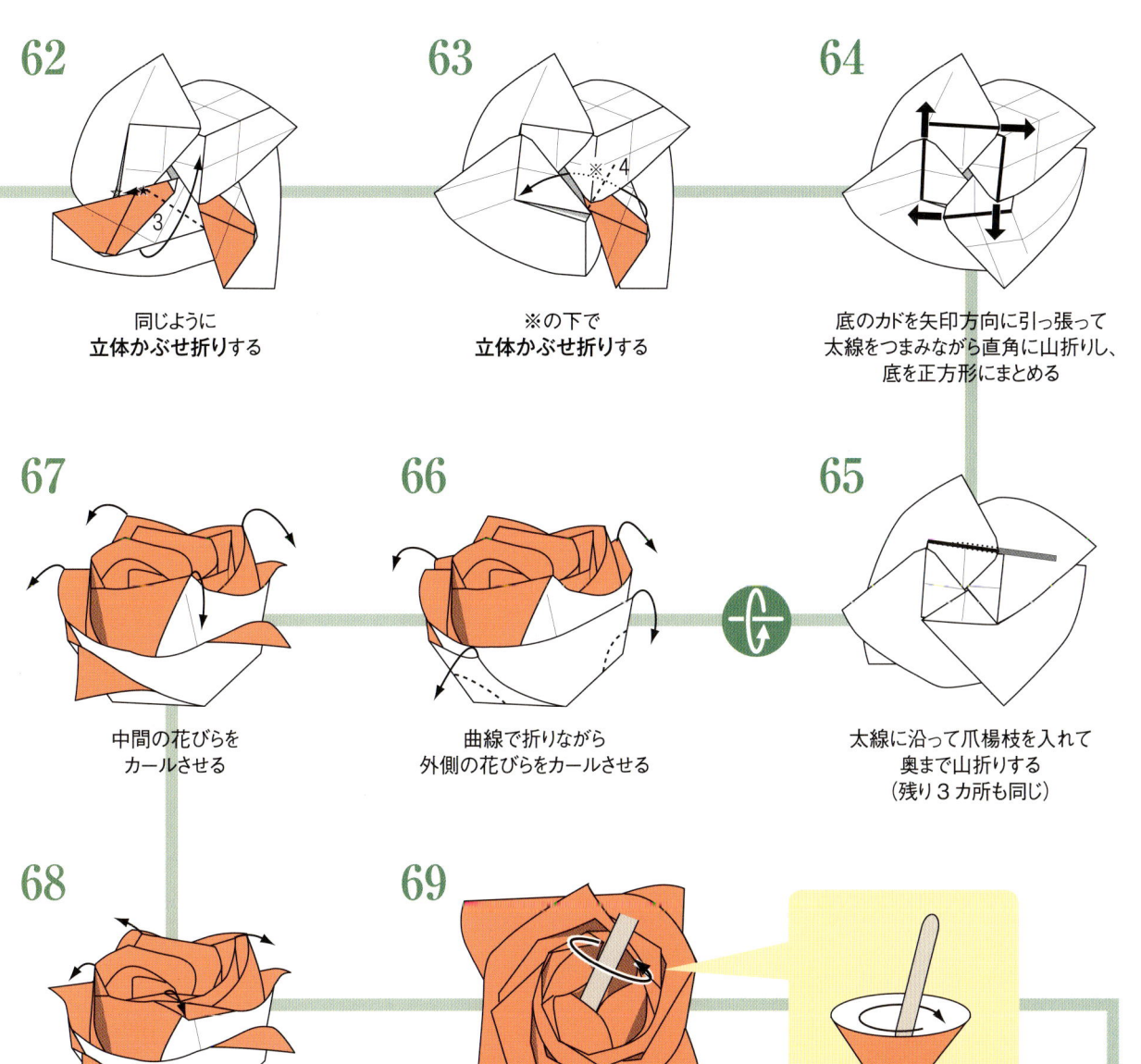

69
中央の穴に棒を入れて
花びらを滑らかにする

ゴマをするように
棒を回転させる

薔薇

次ページへ

70

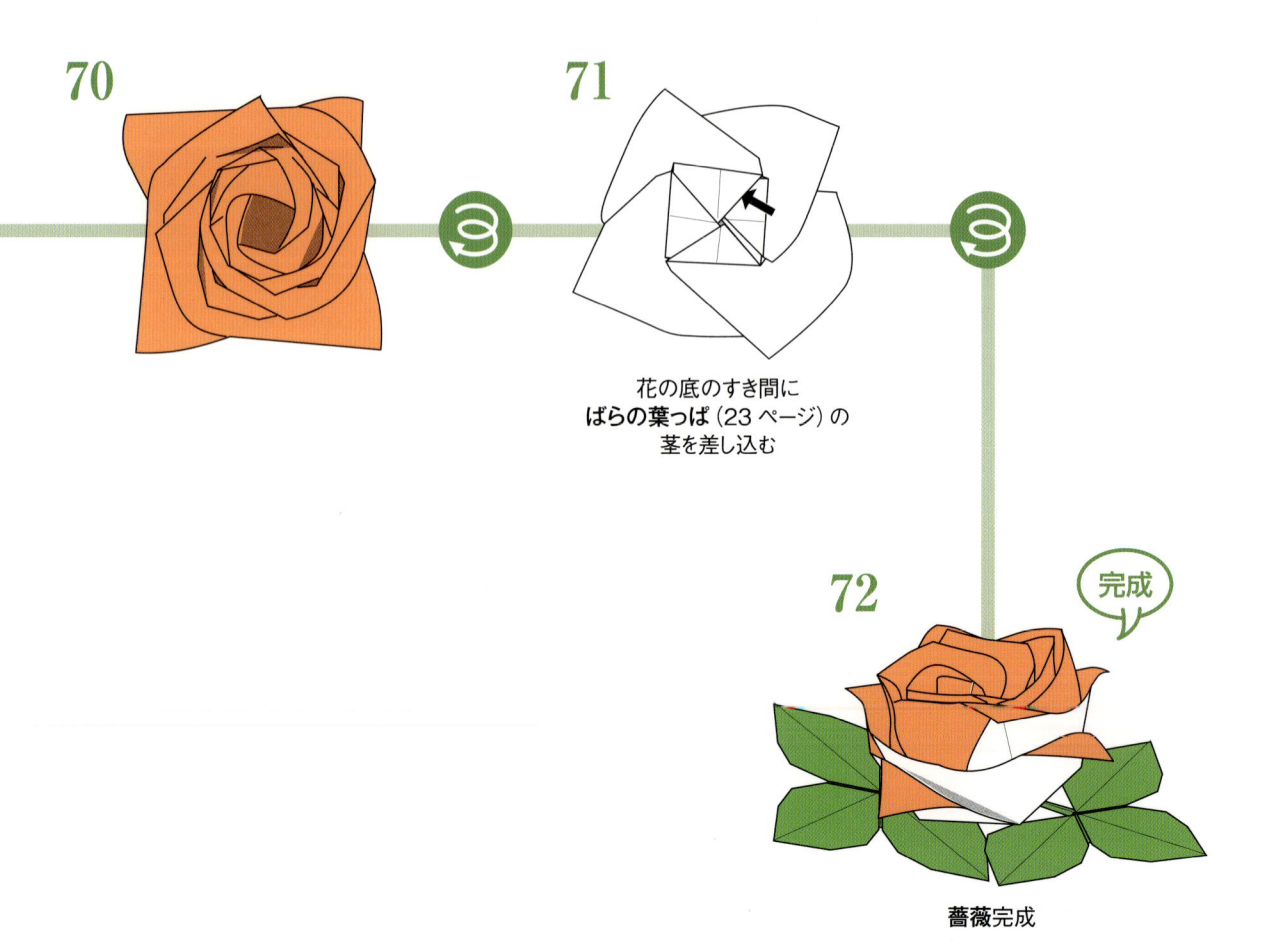

71

花の底のすき間に
ばらの葉っぱ（23ページ）の
茎を差し込む

72

完成

薔薇完成

7角ローズボックス

従来の箱の折り紙は3角〜6角形がほとんどで、その多くはユニット折り紙です。この「7角ローズボックス」は、その名の通り正7角形の箱で、長方形用紙1枚で折ります。2014年3月1日に発見した「新型つる巻き折り」という、長方形を細長い2等辺3角形に分割折りする技法を使うことで、従来の「つる巻き折り」でできなかった3、5、7、9角形などの奇角形が作れるようになりました。Ａ４のコピー用紙で練習してからタントなどで折ってください。インクの切れたボールペンや手芸用鉄筆で折り目をつけるときれいに仕上がります。

難易度 ★

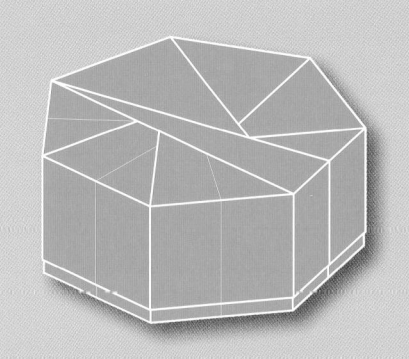

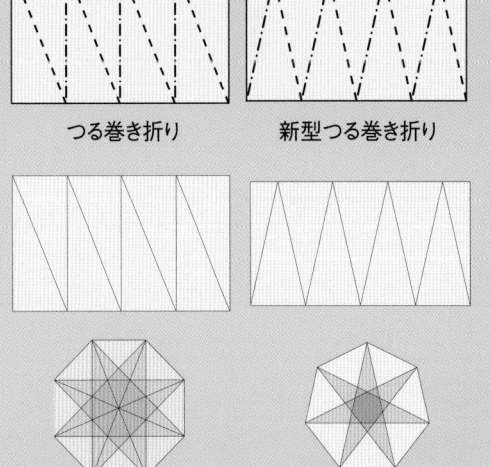

つる巻き折り　　新型つる巻き折り

7角ローズケース、薔薇、カワサキローズ（開いたばら）、
1分ローズ、ばらのつぼみ、3葉の葉っぱ

Step▶1　7角ローズケースを作る

用紙サイズ	A4、B4くらい
用紙の種類	練習はコピー用紙。本番は色画用紙やタントなどの洋紙

1 A4　29.7cm　W
半分に折って折り目をつける

2 D D W
①D=W×0.274=5.75cm を測ってインクの切れたボールペンや手芸用鉄筆で折り筋をつける
②山折りする

3 4等分の谷折り線をつける

4 手前に8等分の谷折り線をつける

5 0.5mmほど下　ピッタリ
フチを赤い線に合わせて折る

6 開く

7 0.5mmほど下　ピッタリ
工程5〜6と同じ

8 ①インクの切れたボールペンや手芸用鉄筆で折り筋をつける
②①の折り筋を4本とも谷折りして開く

9 工程8と同じ

次ページへ

7角ローズボックス

75

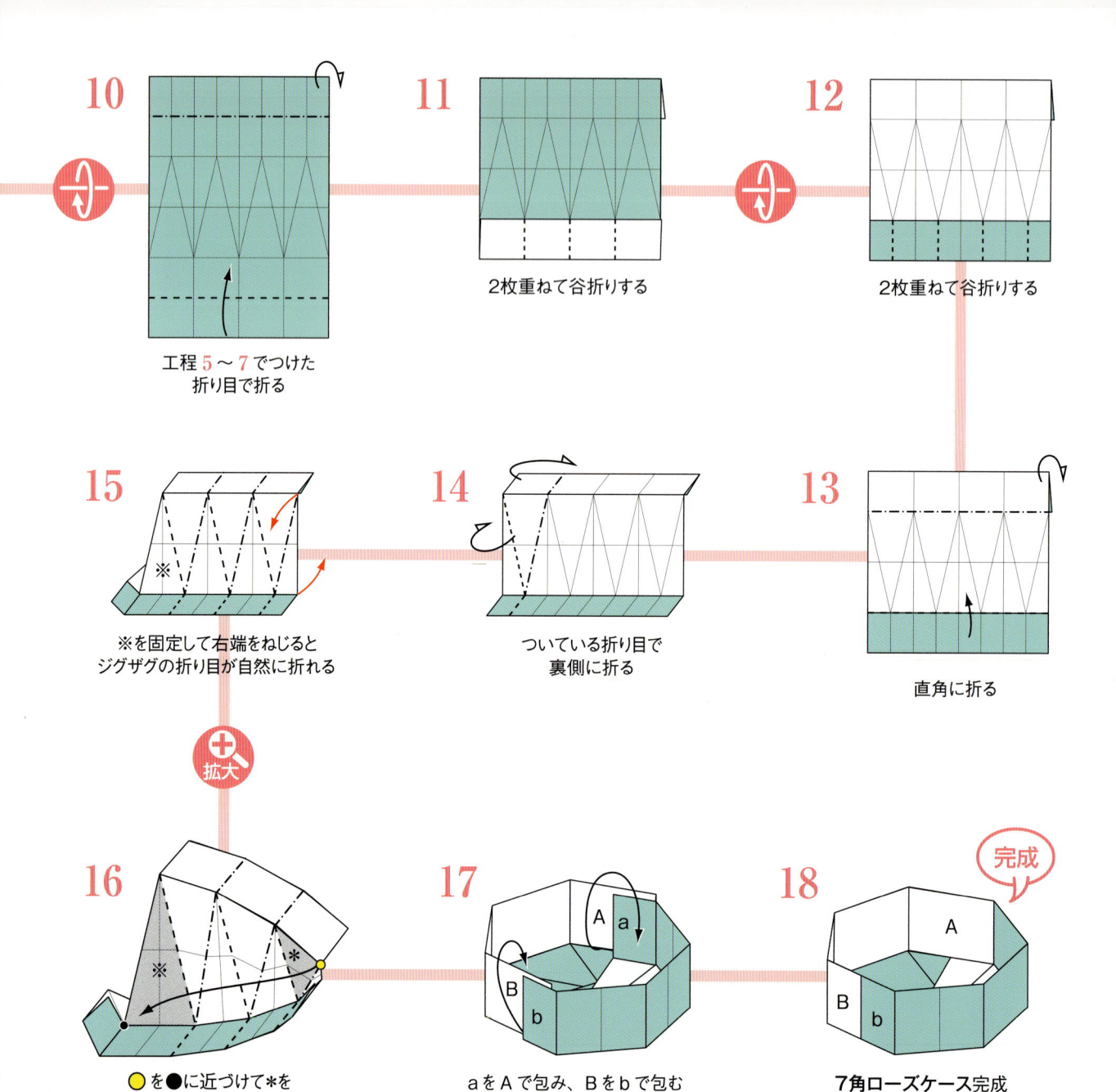

10
工程 5 〜 7 でつけた折り目で折る

11
2枚重ねて谷折りする

12
2枚重ねて谷折りする

13
直角に折る

14
ついている折り目で裏側に折る

15
※を固定して右端をねじるとジグザグの折り目が自然に折れる

拡大

16
⬤を●に近づけて✳を※に重ねると7角箱にまとまる

17
aをAで包み、Bをbで包む

18
完成

7角ローズケース完成

76

Step▶2	7角ローズボックスを作る	用紙サイズ A4、B4くらい
		用紙の種類 色画用紙やタントなどの洋紙

7角ローズボックスはふたつきの箱です。ふたと本体の違いは用紙サイズだけで、折り方は Step 1 と同じです。本体用紙はふた用紙より幅が狭く縦長なので、本体の方が径が小さく深くなります。

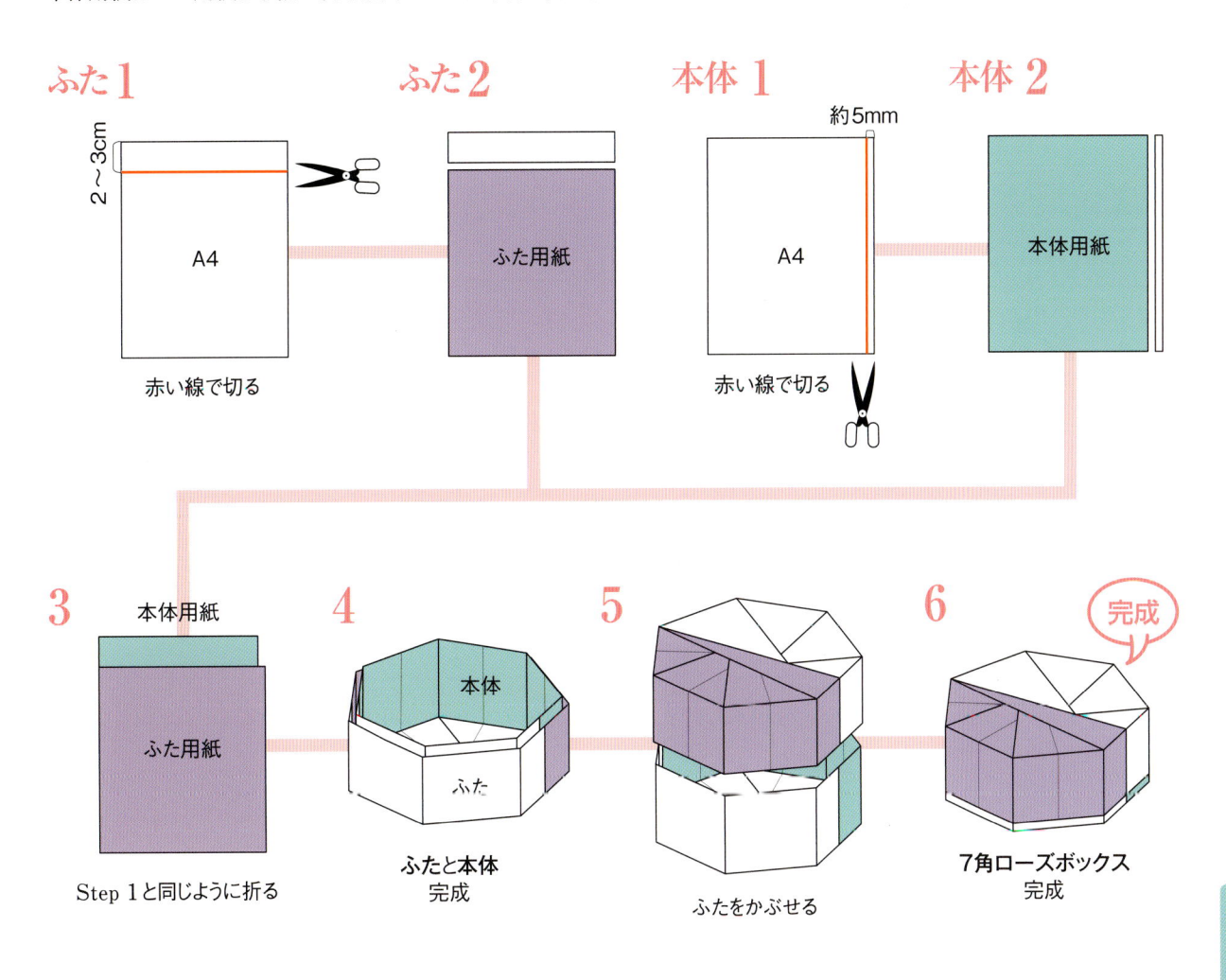

ふた1
2〜3cm
A4
赤い線で切る

ふた2
ふた用紙

本体1
約5mm
A4
赤い線で切る

本体2
本体用紙

3
本体用紙
ふた用紙
Step 1と同じように折る

4
本体
ふた
ふたと本体 完成

5
ふたをかぶせる

6
完成
7角ローズボックス 完成

7角ローズボックス

77

写真に使用した用紙一覧

掲載頁	作品名	一般名称・商品名〈メーカー名〉（色 etc.）
カバー	薔薇	典具帳紙を2枚貼り合わせたもの、ハイクラスなおりがみ〈エヒメ紙工〉（だいだい）
	カワサキローズ（開いたばら）	アイアイカラー〈エヒメ紙工〉（しゅいろ）
	カワサキローズ（蕾）	ハイクラスなおりがみ〈エヒメ紙工〉（あか）
	1分ローズ	タント（N50）
	ばらの葉っぱ	厚楮むら染め紙
p.12	カワサキローズ（蕾）	和紙
p.24	薔薇	典具帳紙を2枚貼り合わせたもの
	5葉の葉っぱ	厚楮むら染め紙
p.36	ばらのつぼみ	和紙（赤と緑の貼り合わせ）
	薔薇	手漉き和紙（人間国宝浜田幸雄作）、手漉き和紙、小川和紙（ピンク）
	3葉の葉っぱ	手漉き和紙
p.50	1分ローズ	タント（N50）
	3分ローズ	タント（H50）
	ばらの葉っぱ	厚楮むら染め紙、アイアイカラー〈エヒメ紙工〉（ビリジャン）
p.58	薔薇	典具帳紙を2枚貼り合わせたもの
	ばらの葉っぱ	厚楮むら染め紙
p.74	7角ローズケース	色画用紙
	薔薇	ハイクラスなおりがみ〈エヒメ紙工〉（だいだい）
	カワサキローズ（開いたばら）	アイアイカラー〈エヒメ紙工〉（ひまわり）
	1分ローズ	タント（N57）
	ばらのつぼみ	両面創作おりがみ〈エヒメ紙工〉（黄橙 - 若草）
	3葉の葉っぱ	アイアイカラー〈エヒメ紙工〉（みどり）

エヒメ紙工の商品については、下記までお問い合わせください。
エヒメ紙工株式会社　TEL: 0896-58-3365
http://www.ehimeshiko.com/

解説DVD&オリジナル色紙付き

ばらの夢折り紙

2014年8月15日　初版第1刷発行
2019年9月20日　　　第5刷発行

著者　川崎敏和

写真　米倉裕貴

装丁・デザイン・DTP　プールグラフィックス

DVD制作　ジャパンライム株式会社

色紙製作　エヒメ紙工株式会社

協力　ほんをうえるプロジェクト

発行者　原 雅久

発行所　株式会社 朝日出版社

〒101-0065　東京都千代田区西神田3-3-5

電話　03-3263-3321（代表）

http://www.asahipress.com

印刷・製本　図書印刷株式会社

ISBN978-4-255-00787-8 C0076

乱丁・落丁本はお取り替えいたします。

無断で複写複製することは
著作権の侵害になります。

定価はカバーに表示してあります。

©Toshikazu Kawasaki 2014
Printed in Japan

川崎敏和 (かわさき・としかず)

折り紙作家。数学者。1955年生まれ。折り鶴変形理論で博士号（数理学）を取得。次々に独創的な折り紙を考案。とくに「ばら」は "Kawasaki Rose" と呼ばれ、世界的に高く評価されている。日々、趣味の料理を楽しみながら、折り紙の創作活動を行い、講演等で国内外を飛び回っている。著書に『バラと折り紙と数学と』（森北出版）、『折り紙夢WORLD』『博士の折り紙夢BOOK』『究極の夢折り紙』『博士の実用夢折り紙』『おとぎの国の夢折り紙』（小社刊）など。

好評発売中！

使う・遊ぶ
博士の実用夢折り紙
川崎敏和

Ｂ５判並製／136頁／オールカラー
定価（本体1480円＋税）

小物入れにぴったりな「箱」シリーズから、ブロック感覚で遊べる「家」まで。楽しいのに、本当に"使える"折り紙が満載！

魔法のように立体化する
究極の夢折り紙
川崎敏和

Ｂ５判並製／136頁／オールカラー
定価（本体1600円＋税）

折り紙博士の最高傑作を集めた折り紙集。コツをつかめば初心者でも折れるので、従来の折り紙では物足りない人や、じっくりと作品作りに取り組んでみたい人におすすめ。

おとぎの国の夢折り紙
川崎敏和

Ｂ５判並製／136頁
定価（本体1700円＋税）

折り紙博士である著者がこよなく愛する『星の王子さま』をはじめ、シンデレラや銀河鉄道など、「絵と物語の世界」で楽しめる折り紙絵本。

博士の折り紙夢ＢＯＯＫ
川崎敏和

Ａ５判並製／280頁
定価（本体1500円＋税）

子どもから大人まで楽しめる夢いっぱいの折り紙１４４点が一冊に！ 恐竜、ばら、スペースシャトルなど人気のKawasaki作品および、国内外の名作を収録。

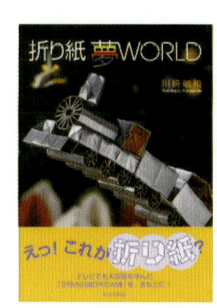

折り紙夢ＷＯＲＬＤ
川崎敏和

Ｂ５判並製／128頁
定価（本体1500円＋税）

インテリアやアクセサリーに応用できる、きれいでかわいい折り紙がいっぱい。「銀河鉄道」「バラのブローチ」など、大人から子どもまで幅広く楽しめる内容。

かわいい！かっこいい！美しい！
動物折り紙ＢＯＯＫ
笠原邦彦

Ｂ５判並製／128頁／オールカラー
定価（本体1500円＋税）

動物や鳥、水の生き物58作品をオールカラーの美しい写真で見せる、絵本感覚の折り紙本。折り紙界の巨匠による、「動物折り紙」の決定版！